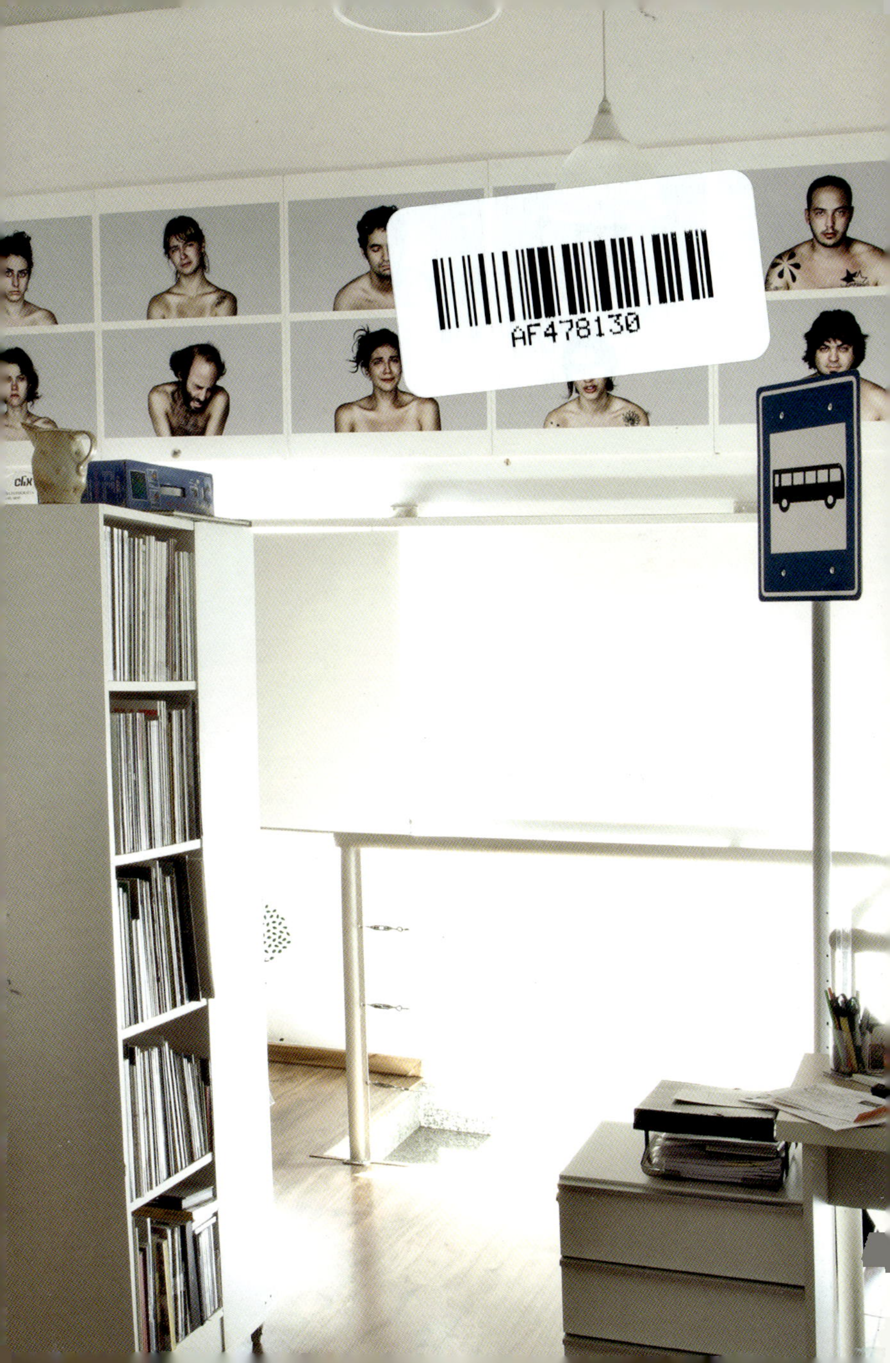
AF478130

Biblioteca PHotoBolsillo

Cia de Foto

PHoto**Bolsillo**   LA FABRICA EDITORIAL   MINISTERIO DE ASUNTOS EXTERIORES Y DE COOPERACIÓN   aecid

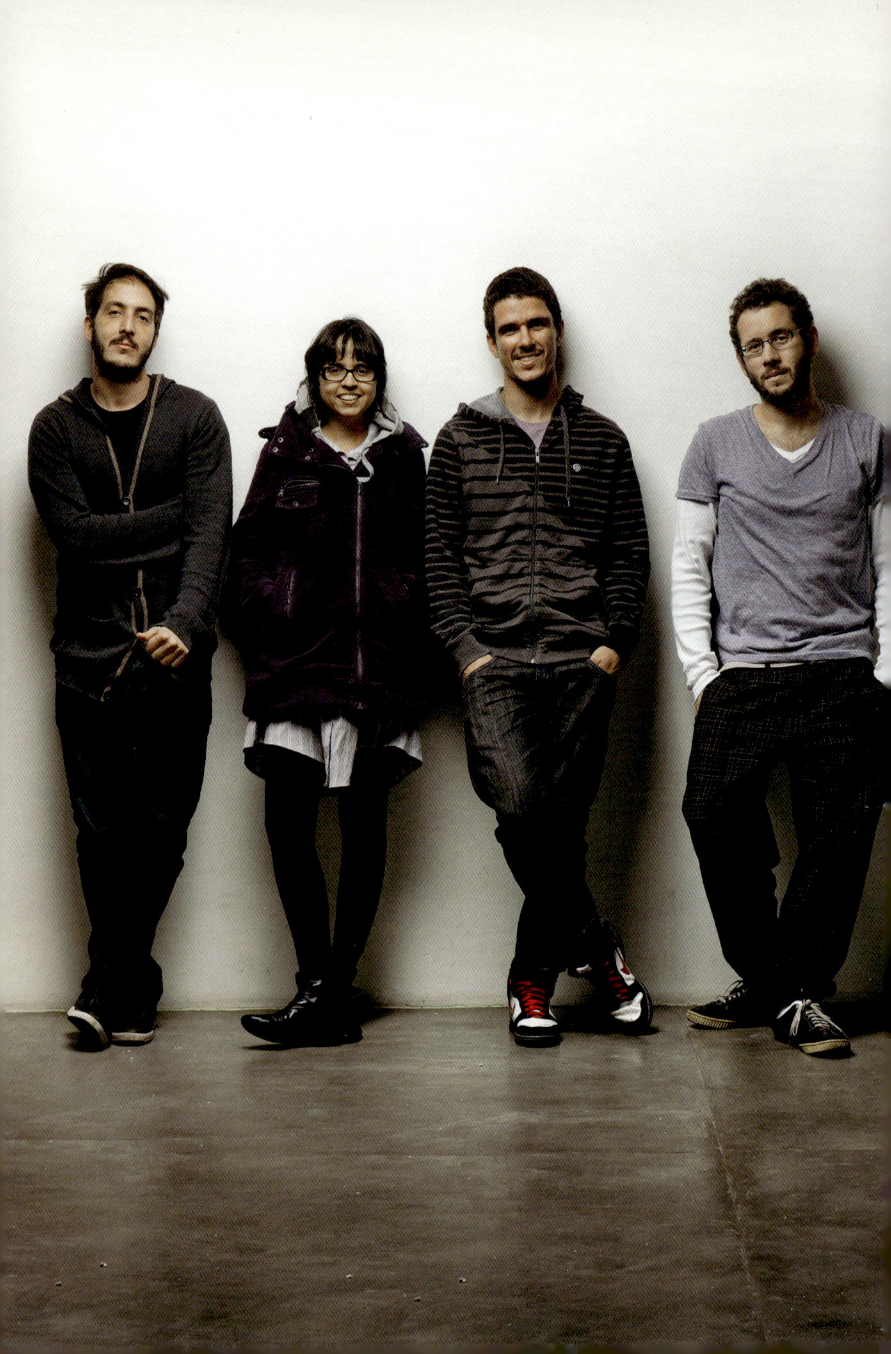

Cia de Foto
Fotografía como ejercicio de posibilidades

Por Ronaldo Entler

Miembros de Cia de Foto

Hay siempre un colectivo, incluso cuando se está solo
Deleuze & Guattari, *Mil Platôs*

Cuando intentamos plantearnos qué es un colectivo de fotógrafos, nos enfrentamos con una experiencia de difícil definición y una historia bastante incierta. Hay antecedentes claros, grupos de artistas formados generalmente en el ambiente informal de los talleres, ligados al carácter transgresor del arte de las últimas décadas. Cia de Foto, ciertamente, no ha inventado este formato de trabajo, pero lo ha confrontado con un ambiente profesional bastante conservador y ha ayudado directa e indirectamente a la afirmación de otras experiencias colectivas en Brasil.

Cia de Foto nació en 2003, como resultado de la afinidad existente entre Rafael Jacinto y Pio Figueiroa, fotógrafos en activo en la gran prensa de São Paulo. Al año siguiente, João Kehl, recién licenciado en el primer curso superior de fotografía de Brasil, pasó de ser asistente a ser integrante permanente. En 2007, Carol Lopes fue incorporada al colectivo como responsable del tratamiento de imágenes, donde asumió gradualmente otras funciones creativas dentro y fuera del estudio.

Una de las justificaciones para el trabajo colectivo es, sin duda, la división de tareas en función de competencias específicas. Pero Cia de Foto invierte en dinámicas que se justifican más por razones poéticas que por una economía de recursos. Por ello, siguen valorando el trabajo simultáneo y el tránsito entre las diversas tareas. Lo que intensifica la relación entre sus integrantes es una determinada sintonía afectiva, como han comentado en algunas ocasiones: «la fotografía es algo demasiado bueno como para hacerla solo».

Las inquietudes del grupo apuntaban en varias direcciones, pero el fotoperiodismo fue su primer medio de actuación. La convivencia no ha sido fácil ya que, en este mercado, la noción de «autor» se ha afirmado de modo tenso y dogmático. Cuando surgió la fotografía, no parecía obvio llamar artista a alguien que manipulaba una máquina. A duras penas, el fotógrafo conquistó la posición de sujeto de esta acción y de autor de una imagen, apegándose a rituales de creación un tanto intimistas y solitarios que ponen en evidencia la singularidad de la mirada de ese recién denominado artista. Más tarde, cuando ya no se le negaba a la fotografía un valor estético, todavía era

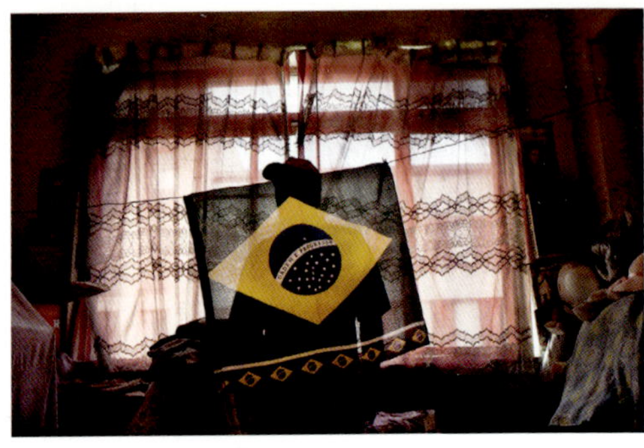

preciso luchar para que ese nombre significase una cierta autoridad en el destino de las imágenes, para que llegasen a constituir una expresión personal, una obra. Finalmente, la expansión de los bancos de imágenes, la popularización de las cámaras digitales y la circulación de las imágenes por la red diseñaron un futuro incierto: la firma de un autor se presenta como lo único que puede garantizar el valor de algunas imágenes, frente a la masa de anónimos que fotografía absolutamente todo y en todo momento.

Por ello, sustituir el nombre propio por un nombre colectivo parece traicionar una causa histórica. Las resistencias se veían agravadas además por algunas aperturas experimentales propuestas por el colectivo: la evidente inversión en el tratamiento de las imágenes, trabajos en diálogo con el lenguaje del vídeo y la circulación de algunas imágenes en la red con la consecuente liberación de los derechos de uso y reproducción.

Los espacios dedicados al arte contemporáneo serían tal vez más receptivos a estos experimentalismos si estos mismos no fuesen, en Brasil, tan distantes del universo del fotoperiodismo, origen que todavía imponía un rótulo al trabajo de estos jóvenes fotógrafos.

Cia de Foto no inventó el formato de los colectivos pero, para que su actuación pudiese ser comprendida, necesitó construir un espacio de tránsito entre personajes e instituciones que interactuaban muy poco entre ellos. La necesidad de plantearse su propio estatuto y de negociar su existencia les dio una vocación más amplia: ciertamente hacían fotografía, pero sobre todo hacían política cultural. En pocos años, la resistencia dio lugar a un proceso igualmente sorprendente de reverberación: en Brasil surgieron o adquirieron fuerza otros colectivos que establecieron un diálogo con Cia de Foto o con los interlocutores que propiciaron. Otros grupos consolidados adquirieron un nuevo significado a través de esta noción de colectivo que, cada vez más, comenzaba a tener sentido para la fotografía. Instituciones, premios y colecciones enfocados a la noción clásica de «fotografía de autor» necesitaron también algún tiempo para asimilar la producción de los colectivos. En este sentido, es significativa la actuación del investigador y crítico Rubens Fernandes Junior que, a partir de los diálogos con Cia de Foto, fue uno de los primeros en el país en esbozar una reflexión teórica sobre esta experiencia, ayudando a replantear los criterios que guiaban las actividades de importantes instituciones.

El año 2006 constituyó un punto de inflexión cuando surgieron importantes ensayos como «911», presentado en Les rencontres d'Arles, en Francia; «Boxing», que recibió el primer premio de la categoría Ensayo de Deportes del World Press Photo; y «Choro» que sería, dos años más tarde, el primer trabajo del colectivo expuesto en un salón de artes, en el Museo de Arte Moderno de Bahía. En los años siguientes, Cia de Foto continúa presentando exposiciones en Europa, Estados Unidos, Asia, Brasil y otros países de América Latina.

Especial relevancia tiene la comunicación que el colectivo ha mantenido siempre con el comisario Eduardo Brandão que, en 2002, fundó Galeria Vermelho, una de las primeras que apostó por la inserción de obras fotográficas en el mercado del arte contemporáneo. En 2007, Brandão fue comisario de la primera exposición individual del colectivo, en el Instituto Itaú Cultural de São Paulo. En ese momento, el comisario destacó el modo en que un «banco de fotos» respondía a un estatuto más complejo que el asumido por las imágenes fotográficas en la contemporaneidad. Al final de ese mismo año, expuso en su galería una versión de «Caixa de sapato», junto a obras de otros artistas. En 2010, Cia de Foto pasó a ser efectivamente representada por la Vermelho, tras realizar allí la exposición *Entretanto*, que incluía fotos, vídeos y

Tríptico, 2011

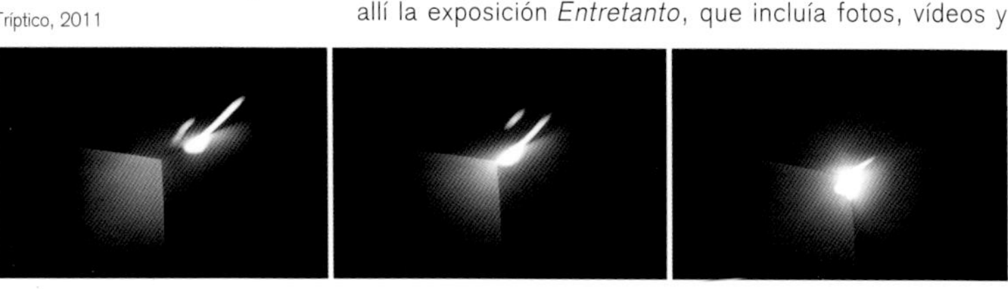

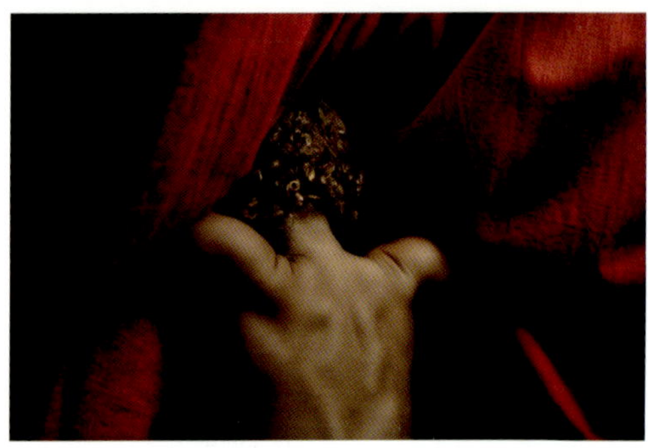

una intervención sonora realizada en colaboración con el
DJ Guab.

Más significativo aun que cada uno de los ensayos
y exposiciones, es el modo en que Cia de Foto participa en
el debate cultural sobre fotografía, frecuentando indistinta-
mente territorios que raramente dialogan entre sí, como las
galerías de arte, las redacciones de periódicos, las agen-
cias de publicidad, los espacios de formación de artistas y
los eventos de fotografía. La interacción entre colectivos
de fotografía se fue ampliando por medio de proyectos co-
munes, por una actuación espontánea en la red y también
por el establecimiento de eventos que intentaban mapear la
actuación de estos grupos por todo el mundo. Cia de Foto
participó en el Encuentro de Colectivos Iberoamericanos
organizado por el Centro Cultural de España en São Paulo,
en 2008, que coincidió con el lanzamiento de la exposición
itinerante *Laberinto de miradas, colectivos fotográficos en
Iberoamérica*, con Claudi Carreras como comisario. Estuvo
también presente en el Encuentro de Colectivos Fotográficos Euro-americanos, realizado en 2010 en las ciudades
de Madrid y Soria, en España.

A pesar de este intenso intercambio, sigue siendo
imposible esbozar una definición uniforme para todos los colectivos. Incluso lo que parece obvio –el trabajo de creación
colaborativa– no es evidente en todos los grupos que reci-
ben esta denominación. En sus varias configuraciones posi-
bles, un colectivo de fotografía se puede confundir con una
cooperativa o agencia de fotografía, un banco de imágenes,
una «industria» que optimiza la producción de obras visuales
complejas; también con un laboratorio de experimentación
de lenguajes, un grupo de estudios e investigaciones o una
promotora de eventos culturales. Muchos grupos se identifi-

can con alguna de estas actividades. Cia de Foto sigue destacando por su libertad de actuación en todos estos frentes simultáneamente, y por la posición firme con la que asume la autoría colaborativa de sus trabajos.

En esta existencia compleja, una parte significativa del trabajo de Cia de Foto está compuesta por acciones más que por imágenes. Es posible recordar algunos episodios. En 2007, un año después de haber participado en una de las exposiciones de la Semana de Fotografía Fnac/Fotosite, Cia de Foto fue la comisaria responsable de toda la programación del evento. A través de talleres, la representación en consejos de comisarios y su colaboración en blogs, estuvo presente en casi todos los grandes eventos brasileños, como es el caso del Paraty em Foco o del FestFotoPoa. En 2009, formó parte del comité editorial de la revista *Sueño de la Razón*, junto a representantes de otros siete países. En este mismo año, por invitación del comisario Eder Chiodetto, realizó para el Club de Coleccionistas del Museo de Arte Moderno de São Paulo una edición en vídeo de «Caixa de sapato». En 2010, lo que debería haber sido una página conmemorativa del aniversario de la ciudad de São Paulo en una revista de gran circulación, acabó por transformarse en el proyecto São Paulo de Muchos, con la participación de 230 autores. En este año también, compartiendo con Eduardo Brandão el comisariado de la exposición del II Forum Latinoamericano de Fotografía de São Paulo, propuso la intervención «Piratas», y ocupó junto con otros artistas invitados una estación de trabajo dentro del espacio expositivo que interactuaba con otras actividades del evento.

En muchas ocasiones, Cia de Foto se ha definido a sí misma por el deseo de hacer de la fotografía un «ejercicio de posibilidades». Hace valer este mismo principio para todas las actividades en las que participa, perturbando un orden inicial previsto en los proyectos, buscando en estos otras potencialidades, pero también haciendo viable su ejecución sobre bases renovadas. De esta forma, contribuye a una exploración menos dogmática no solo del lenguaje fotográfico, sino también de otros «aparatos» que constituyen la cultura de la imagen.

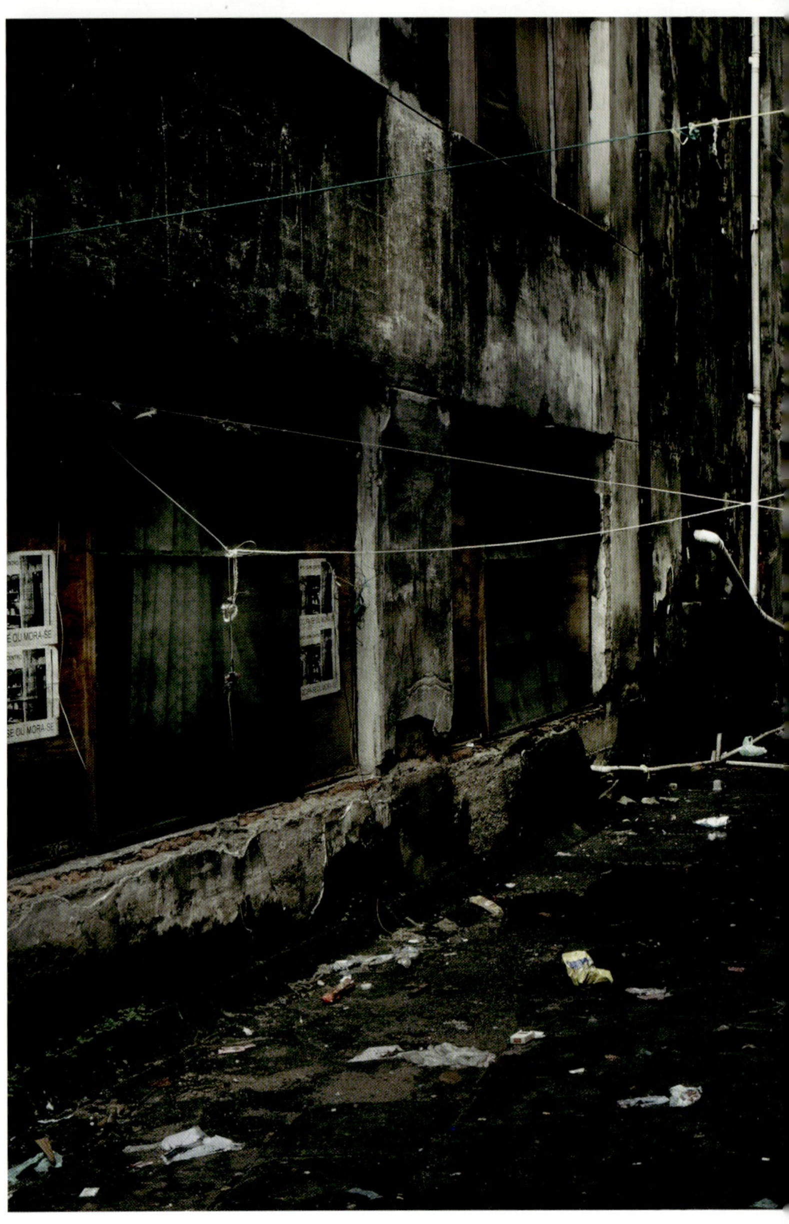

01. Serie: «911», 2006

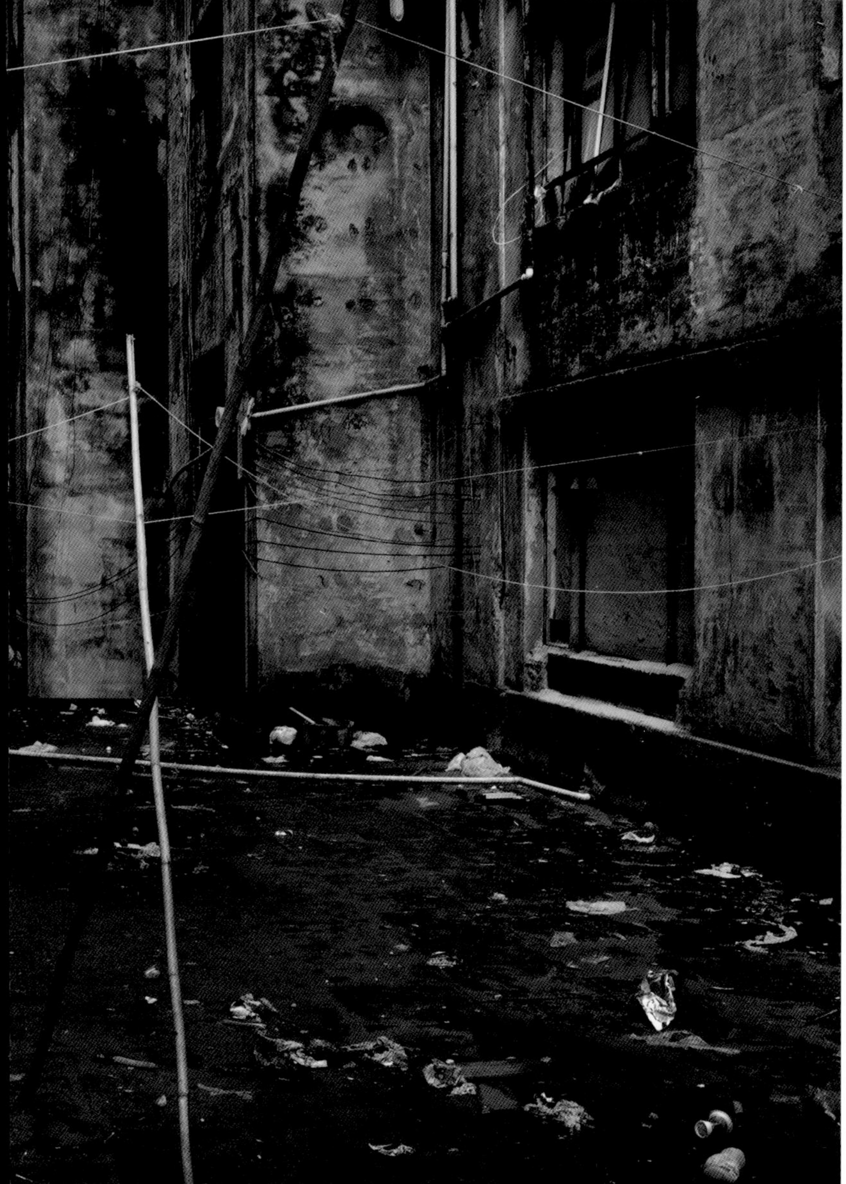

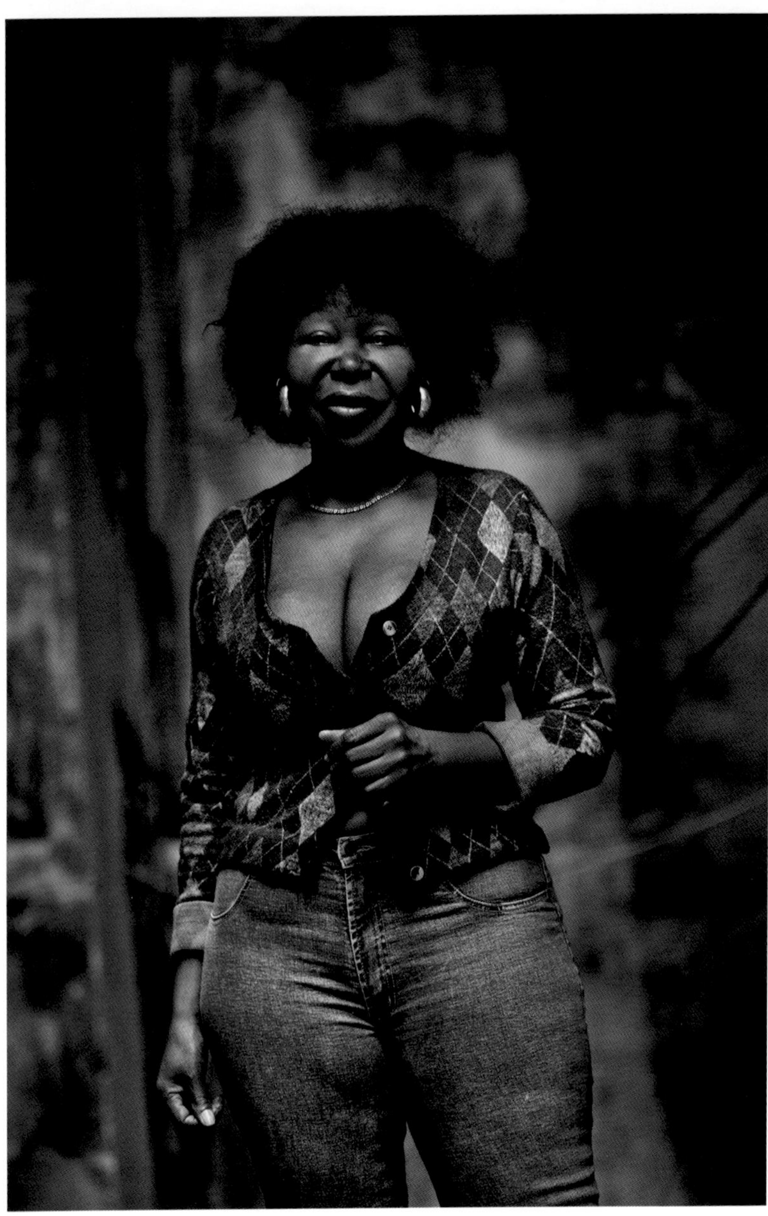

02. Serie: «911», 2006

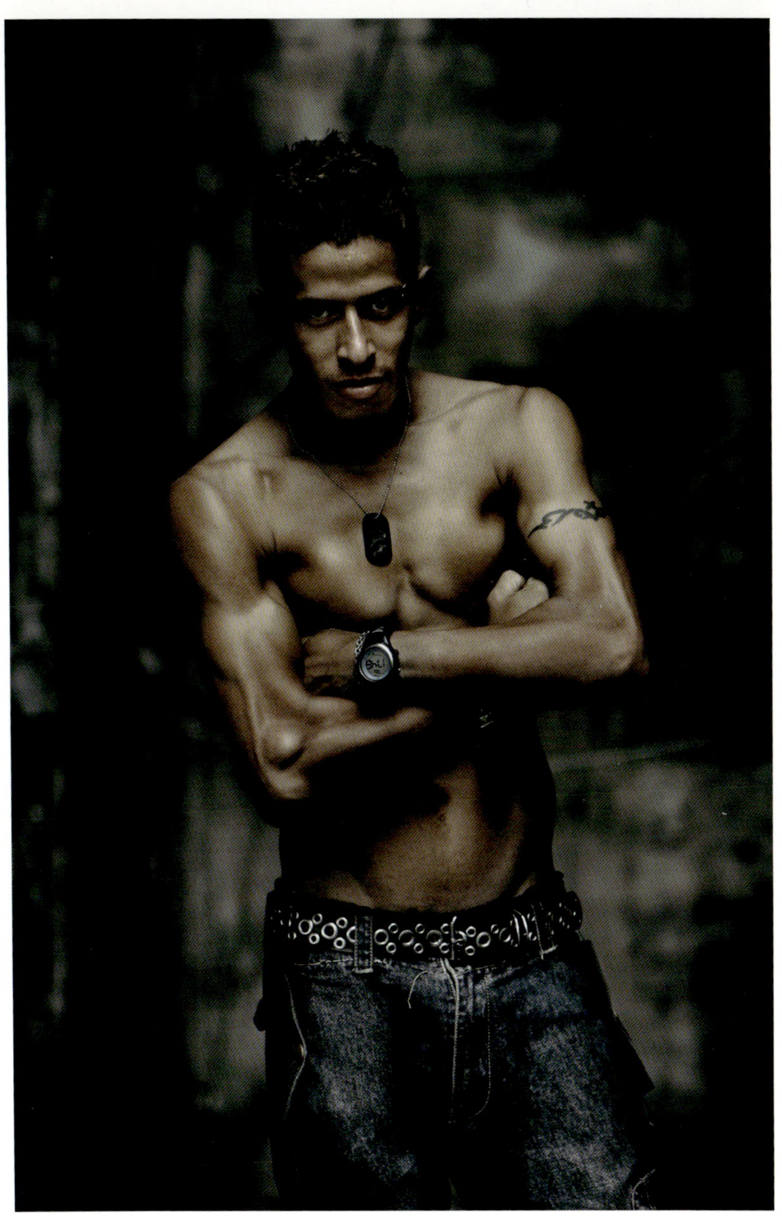

03. Serie: «911», 2006

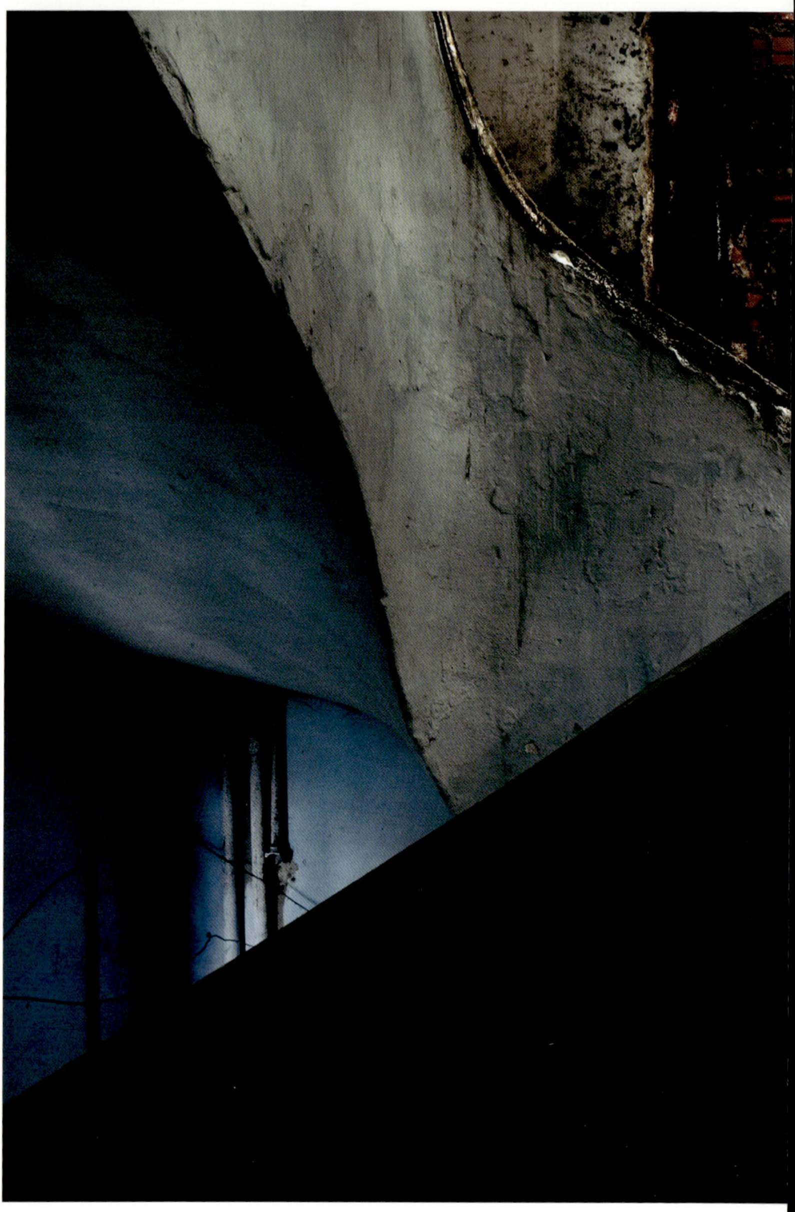

04. Serie: «911», 2006

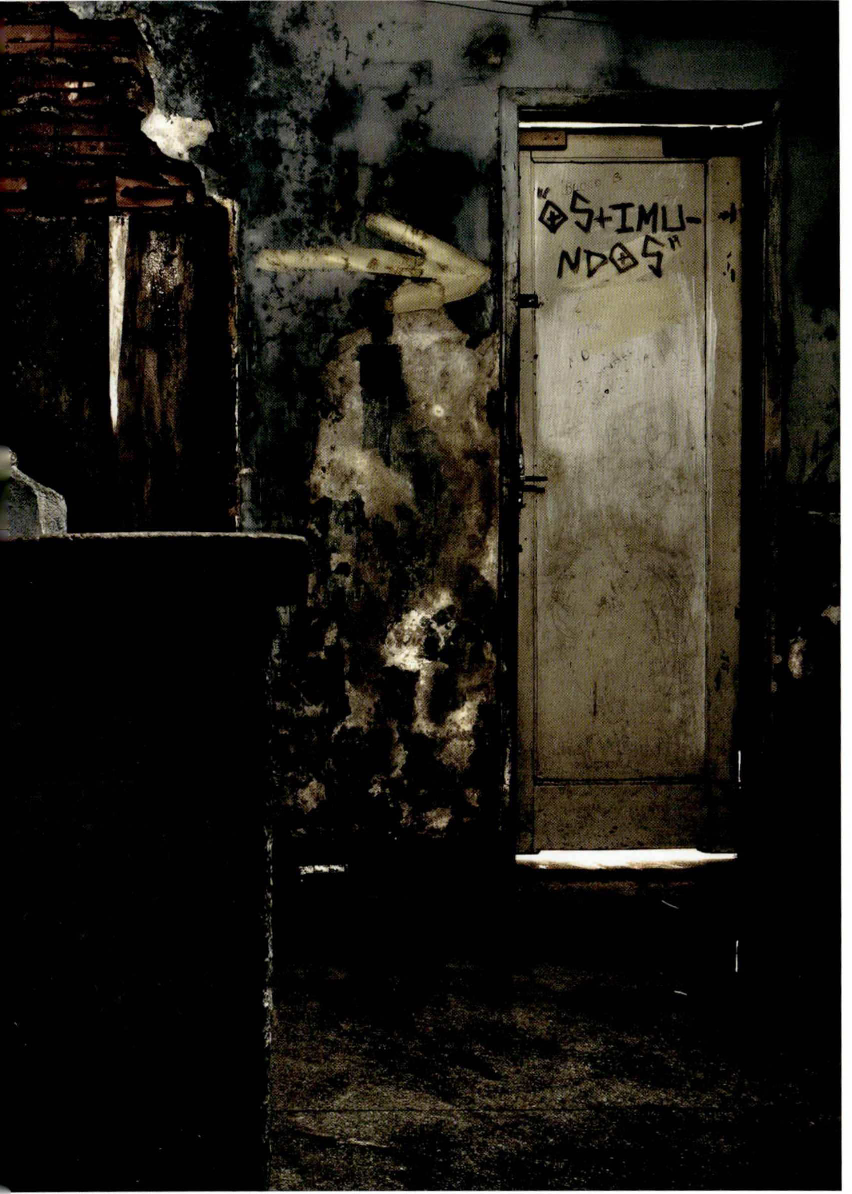
"@S+IMU-
ND@S"

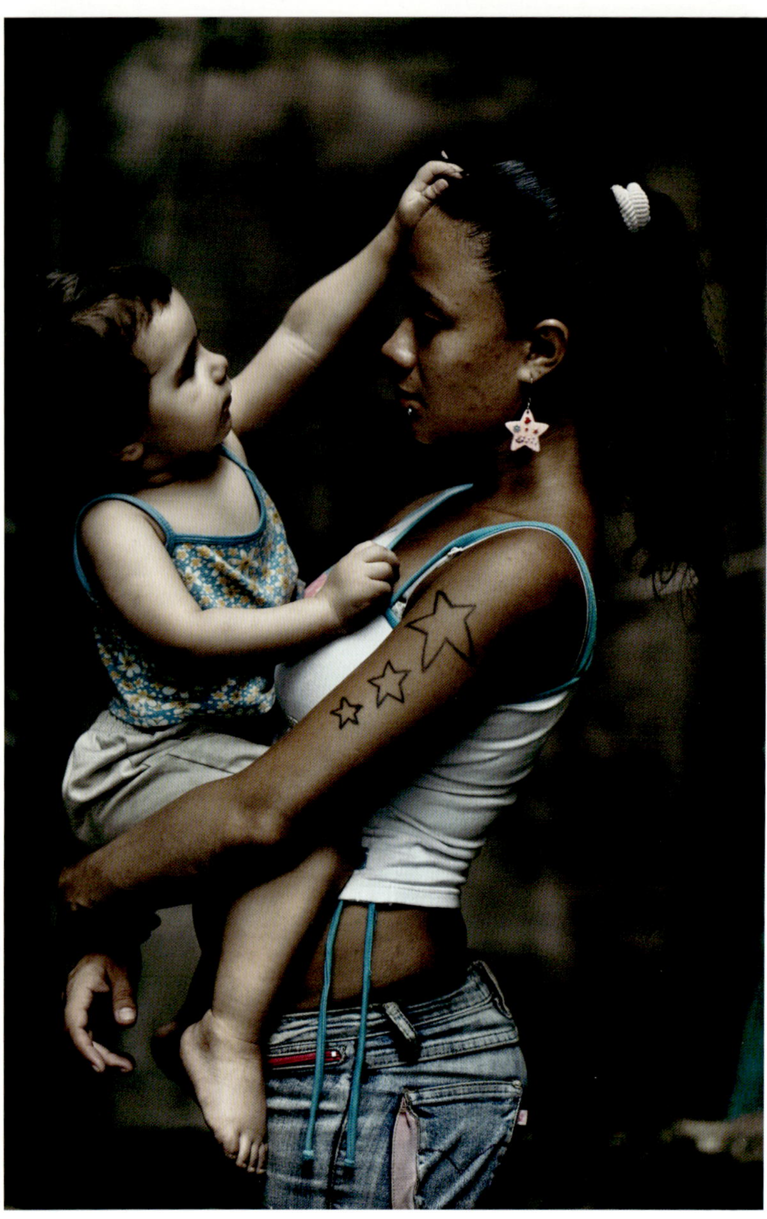

05. Serie: «911», 2006

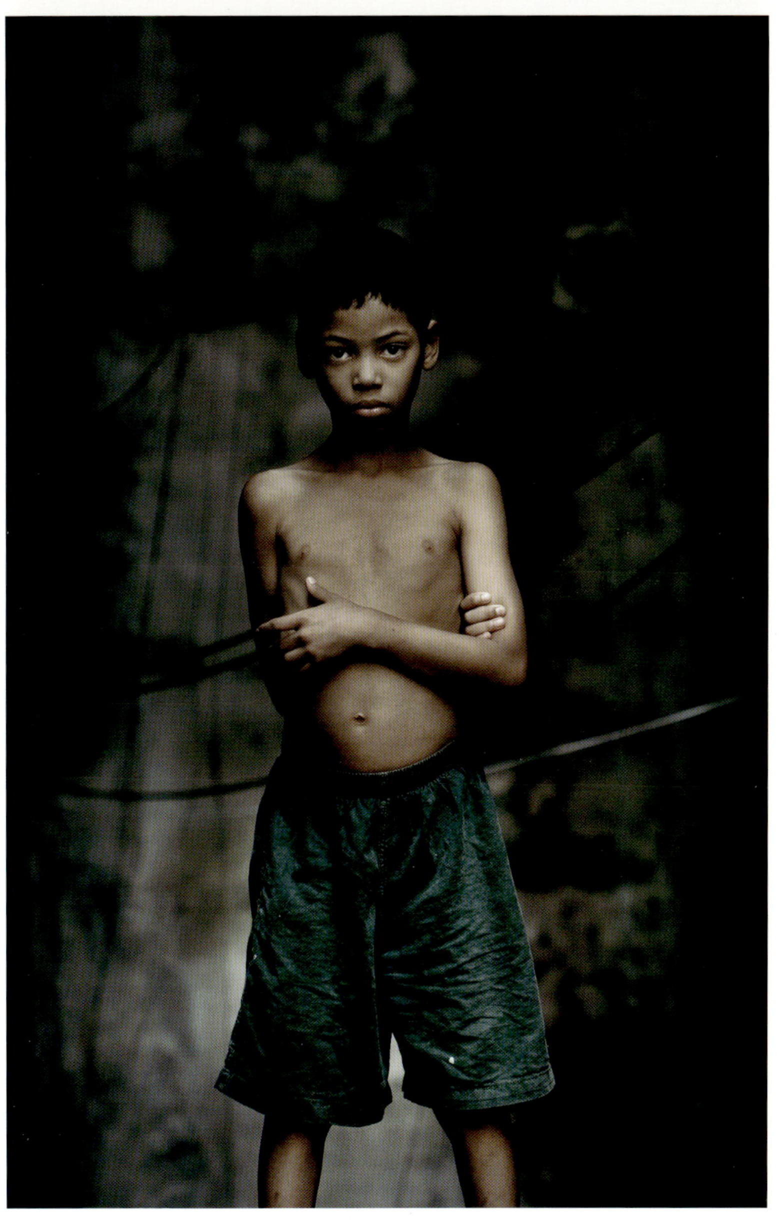

06. Serie: «911», 2006

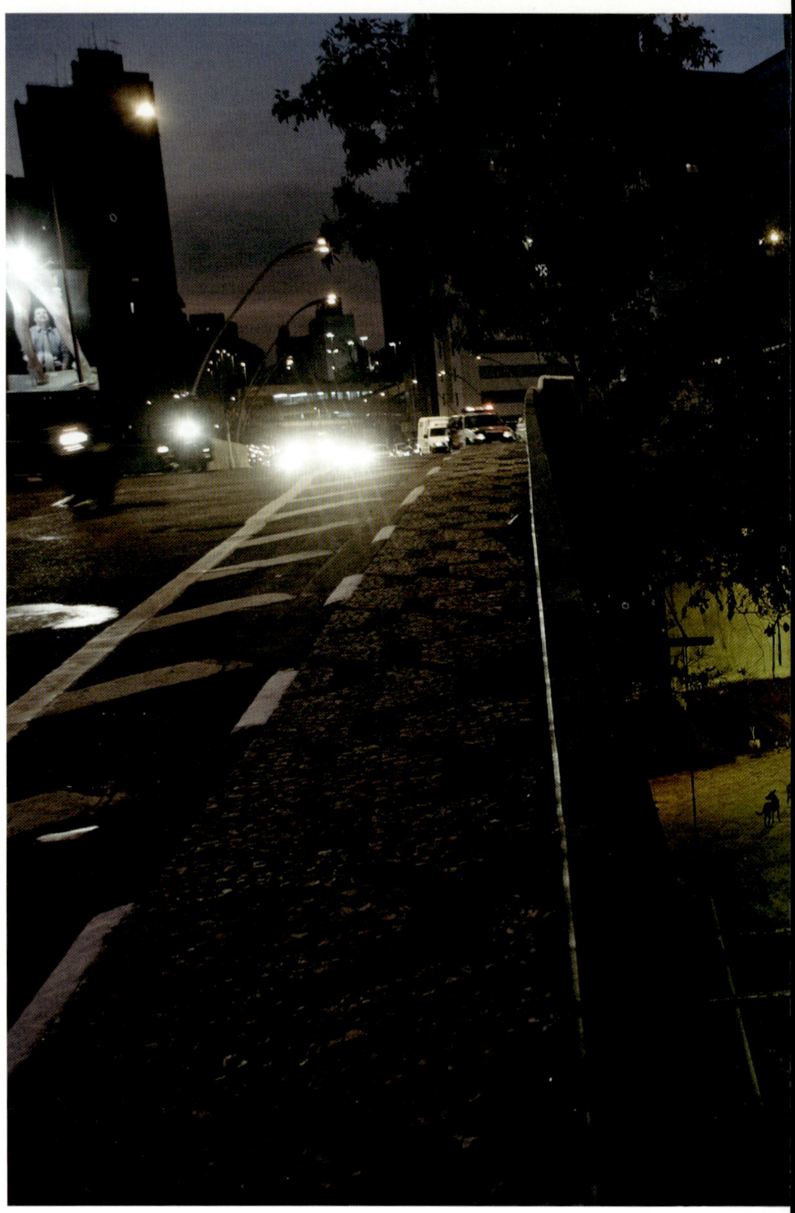

07. Serie: «Boxing», 2006

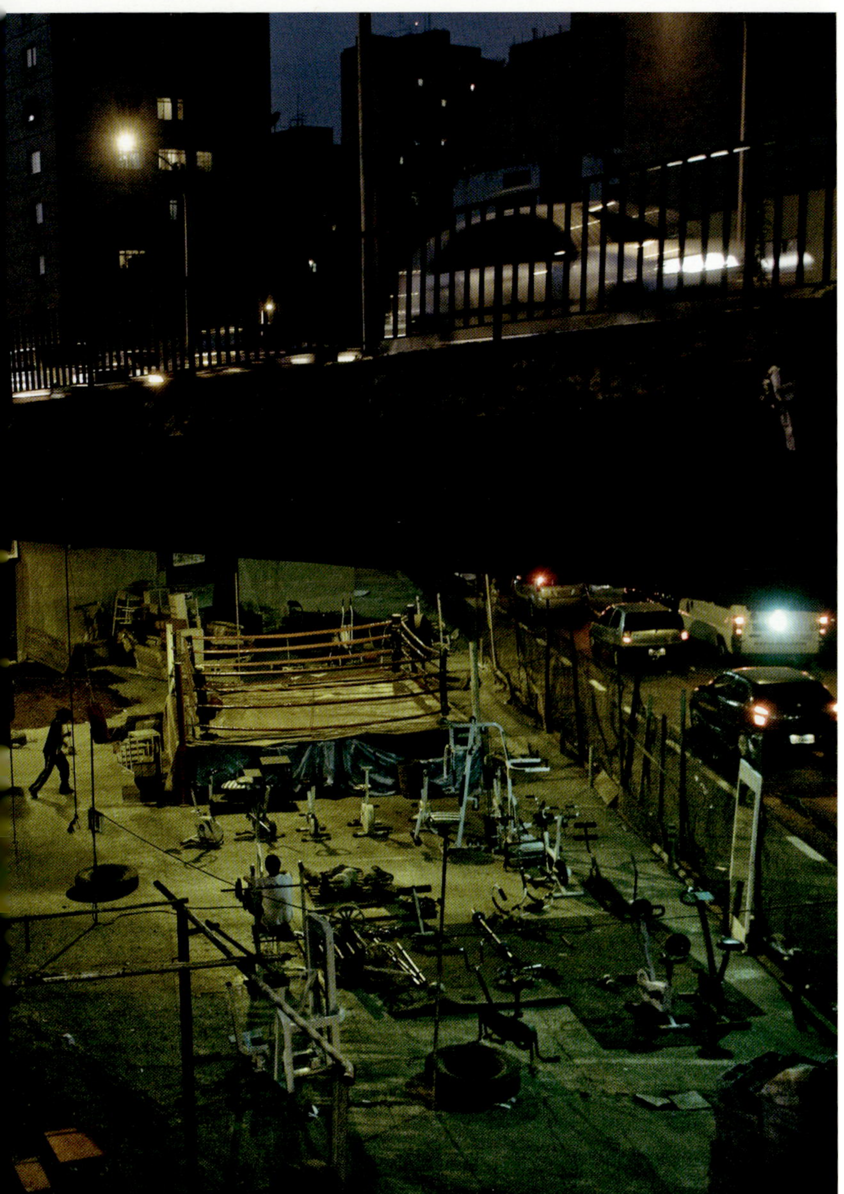

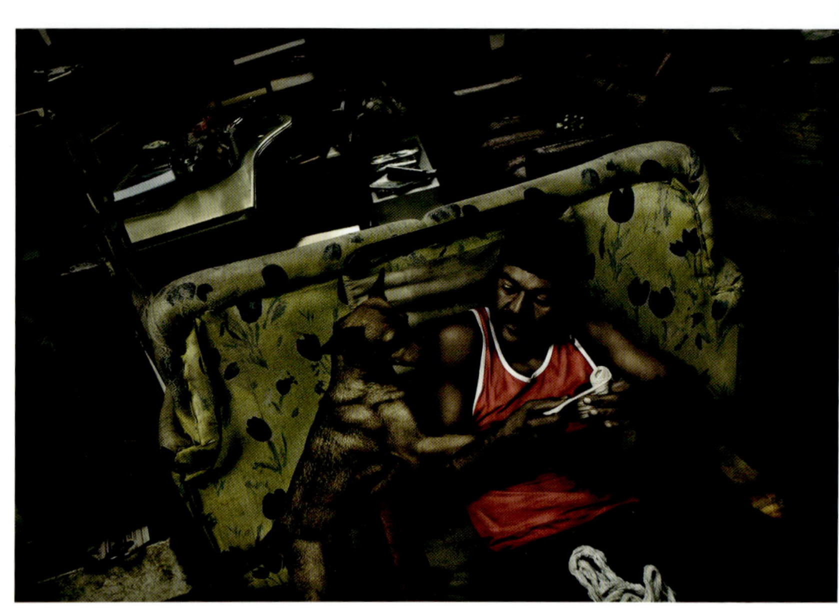

08. Serie: «Boxing», 2006

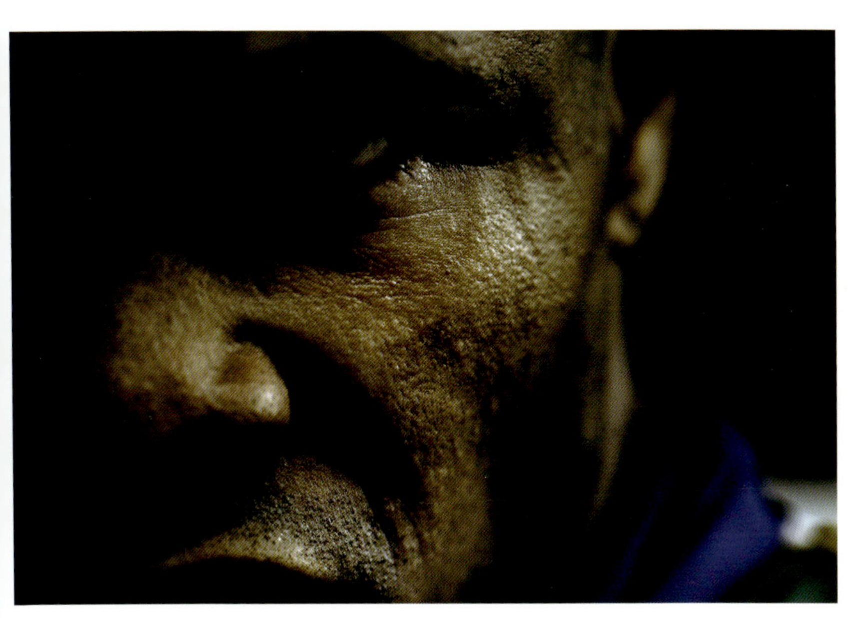

09. Serie: «Boxing», 2006

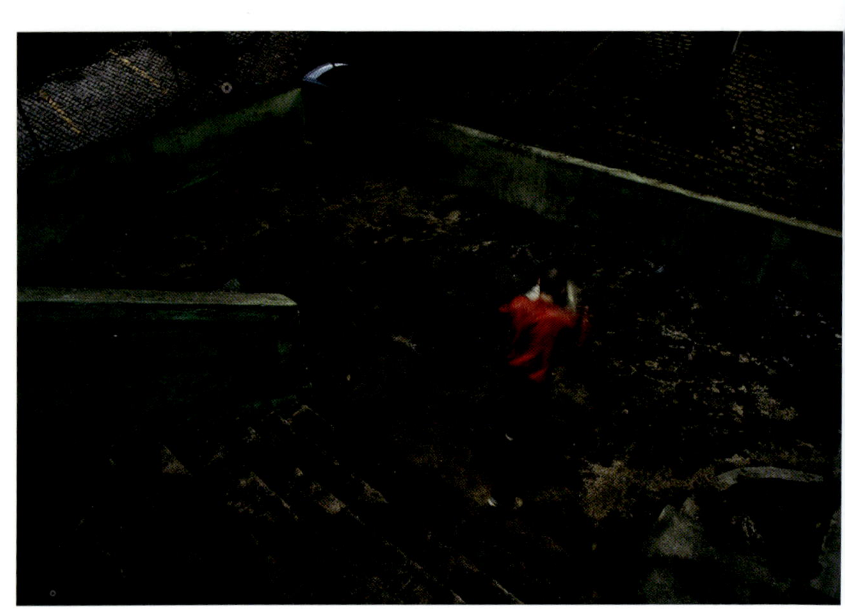

10. Serie: «Boxing», 2006

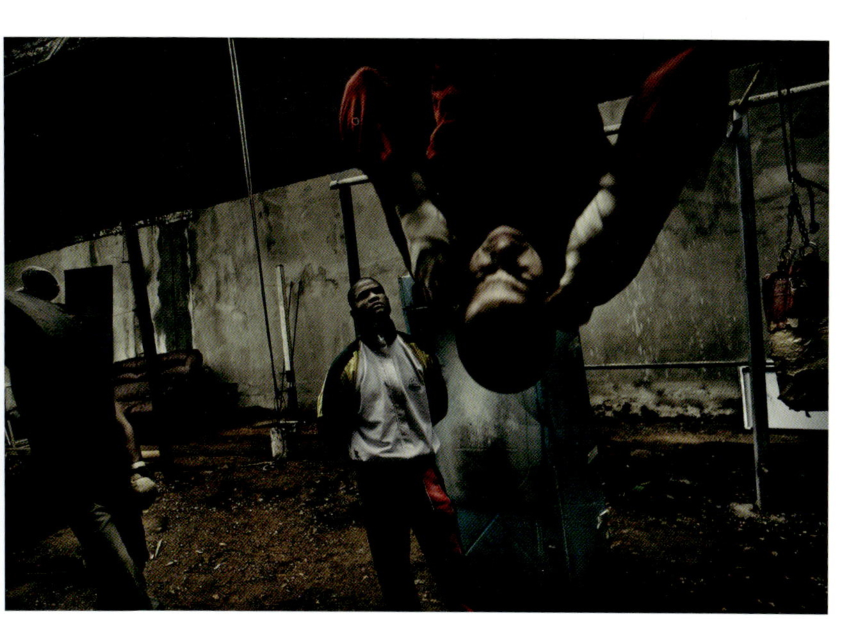

11. Serie: «Boxing», 2006

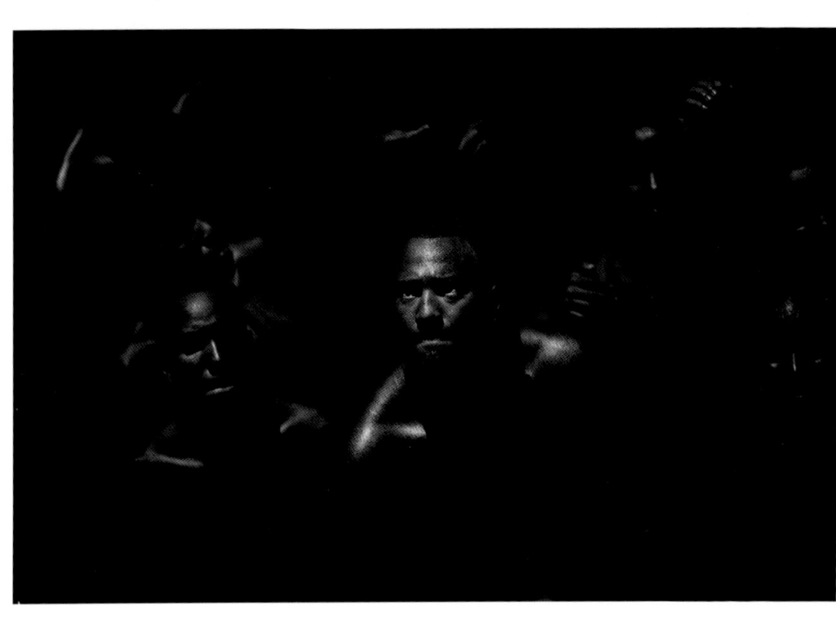

12. Serie: «Carnaval», 2010

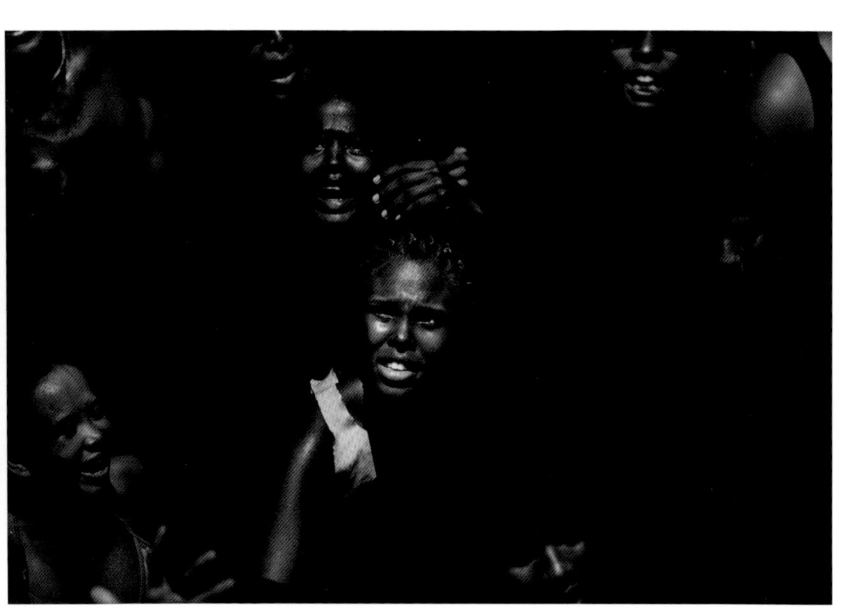

13. Serie: «Carnaval», 2010

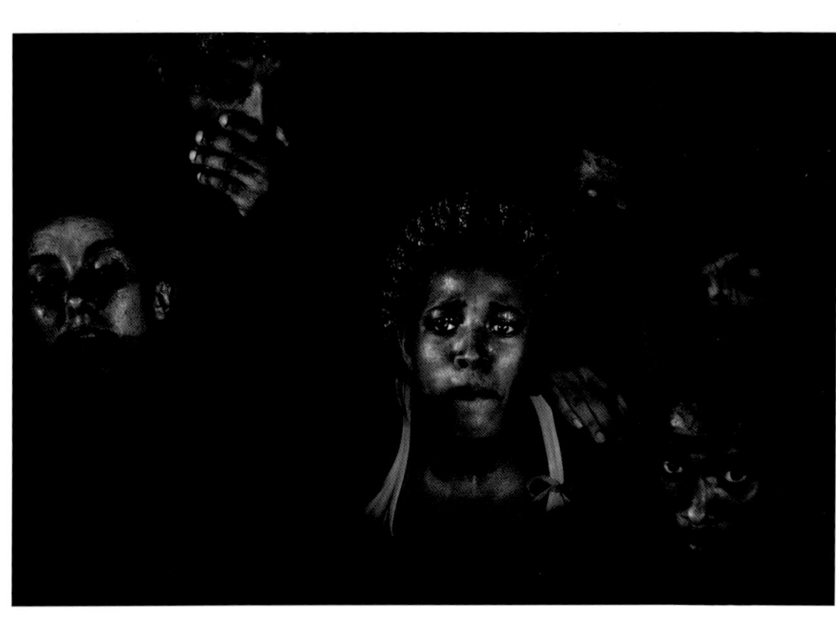

14. Serie: «Carnaval», 2010

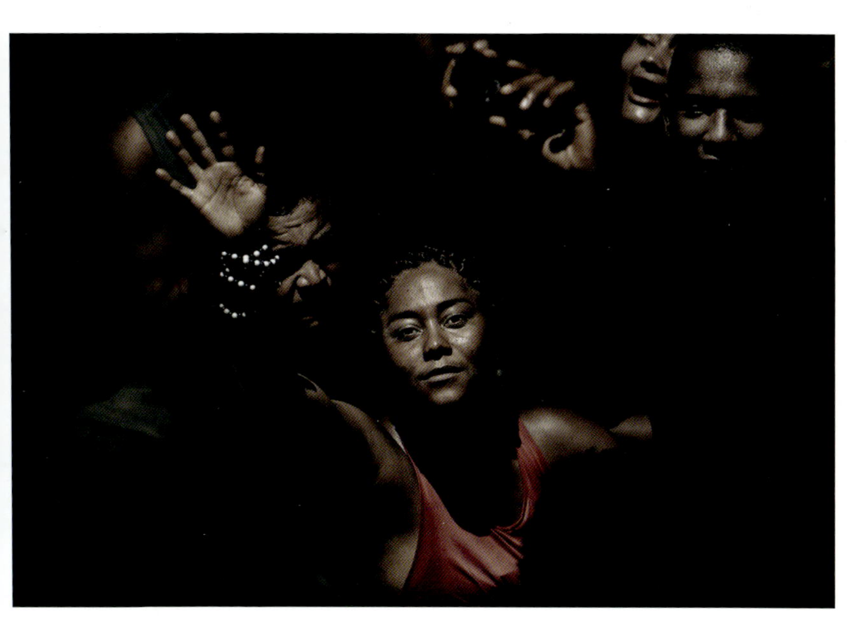

15. Serie: «Carnaval», 2010

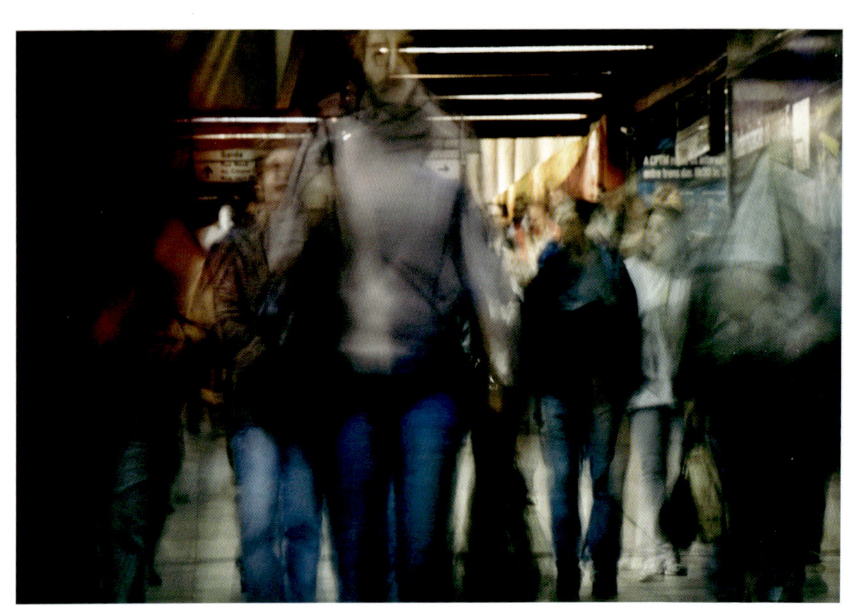

16. Serie: «Tempo», 2008

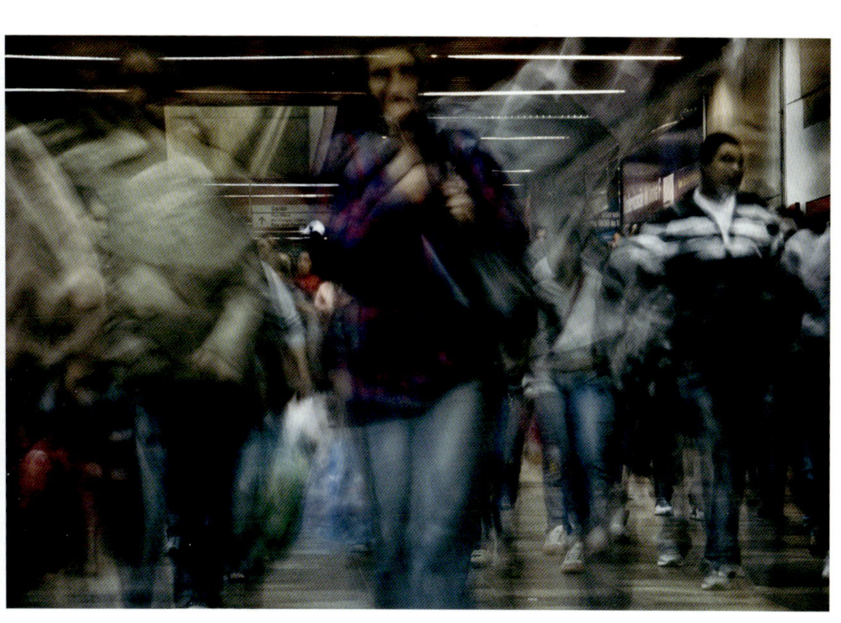

17. Serie: «Tempo», 2008

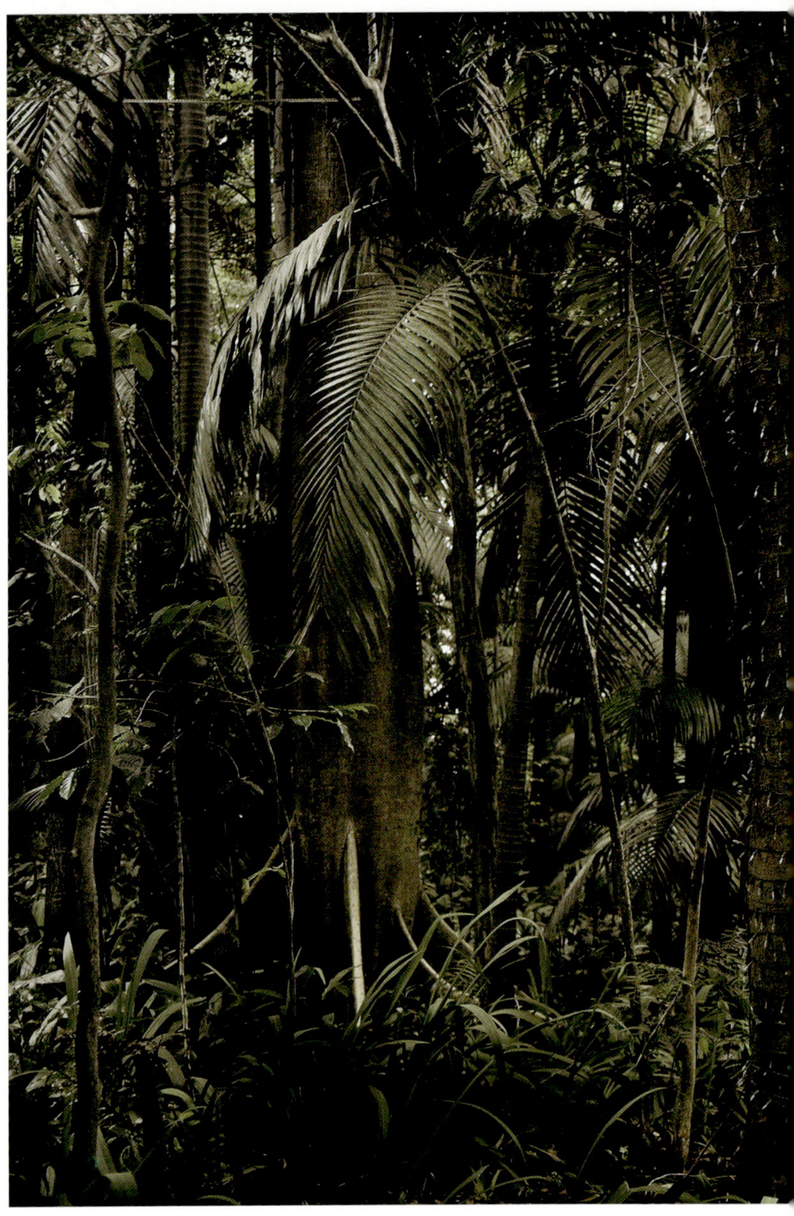

18. Serie: «Naturaleza», 2007

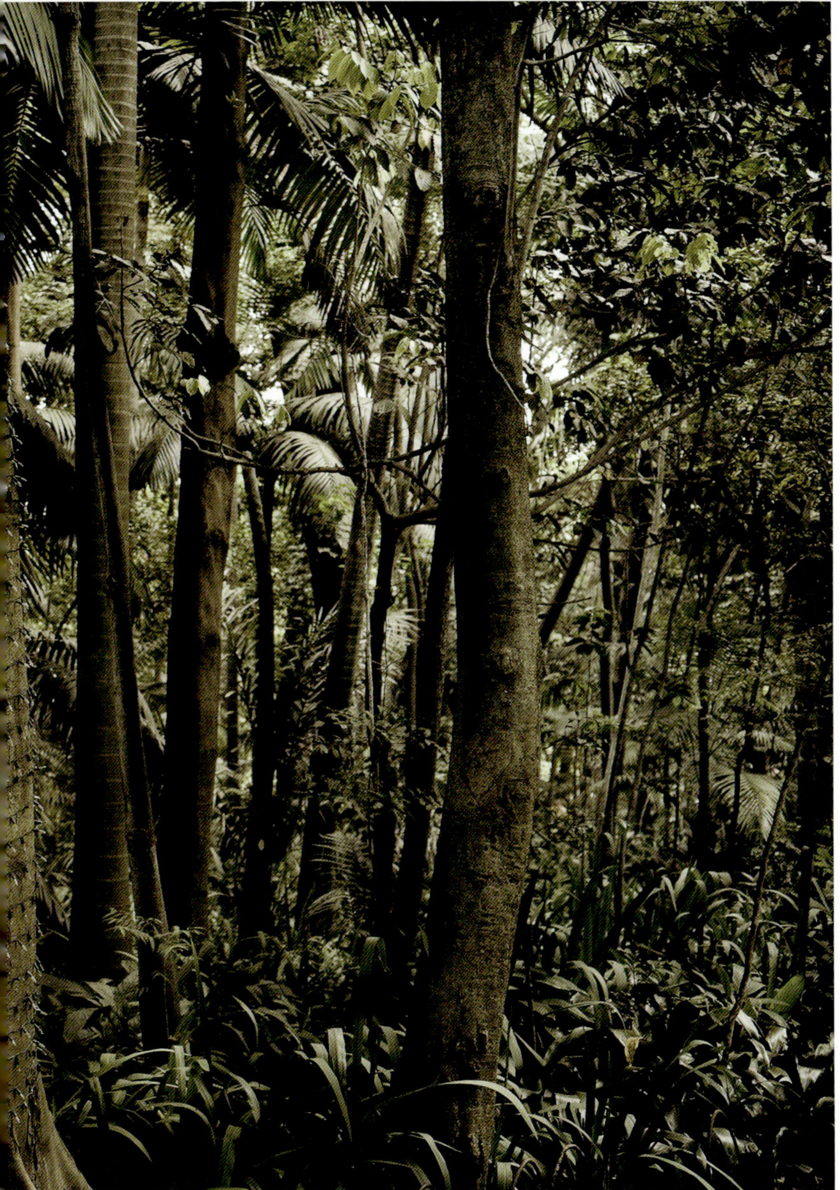

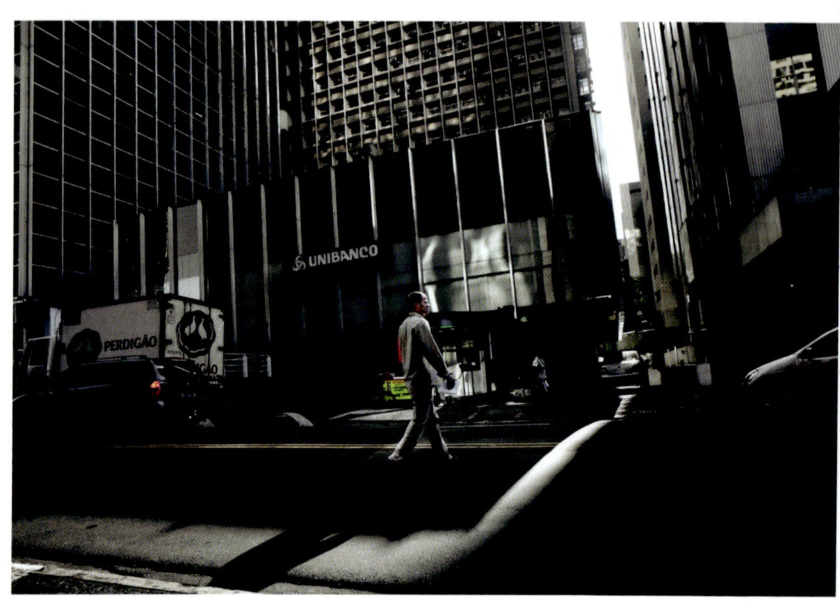

19. Serie: «Av.», 2007

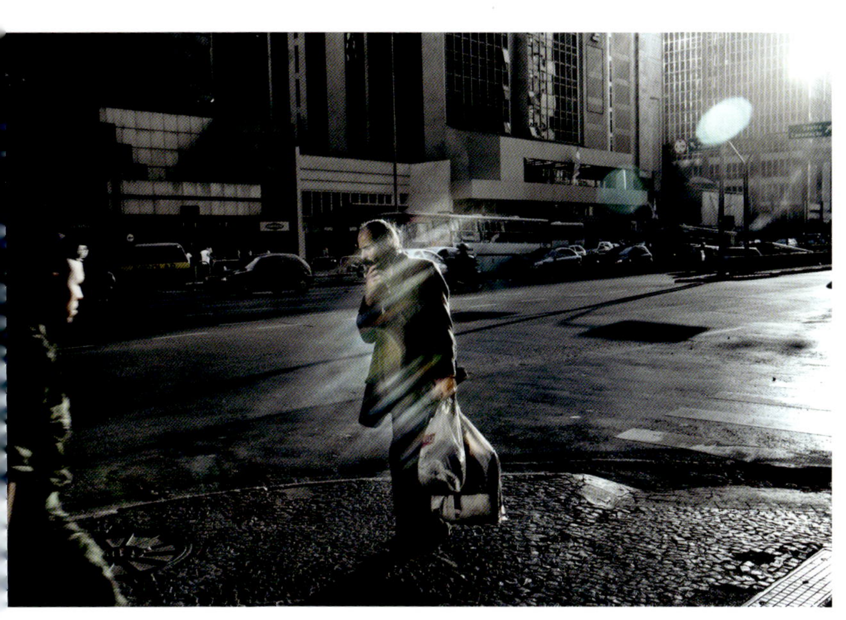

20. Serie: «Av.», 2007

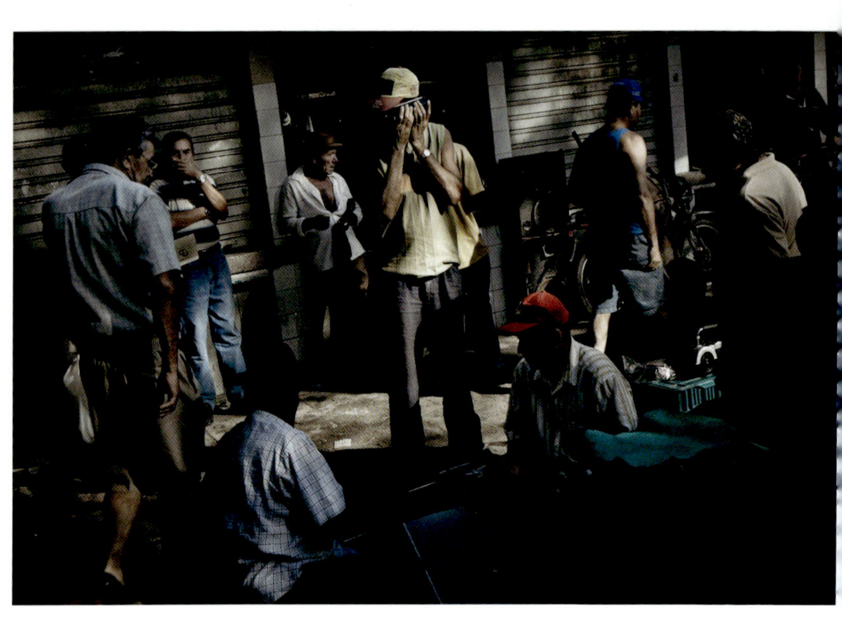

21. Serie: «25»

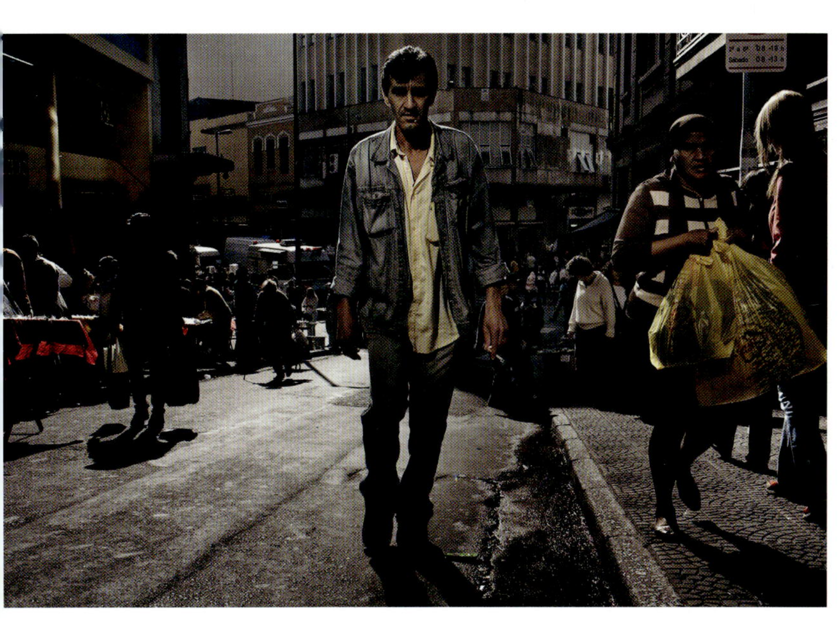

22. Serie: «25»

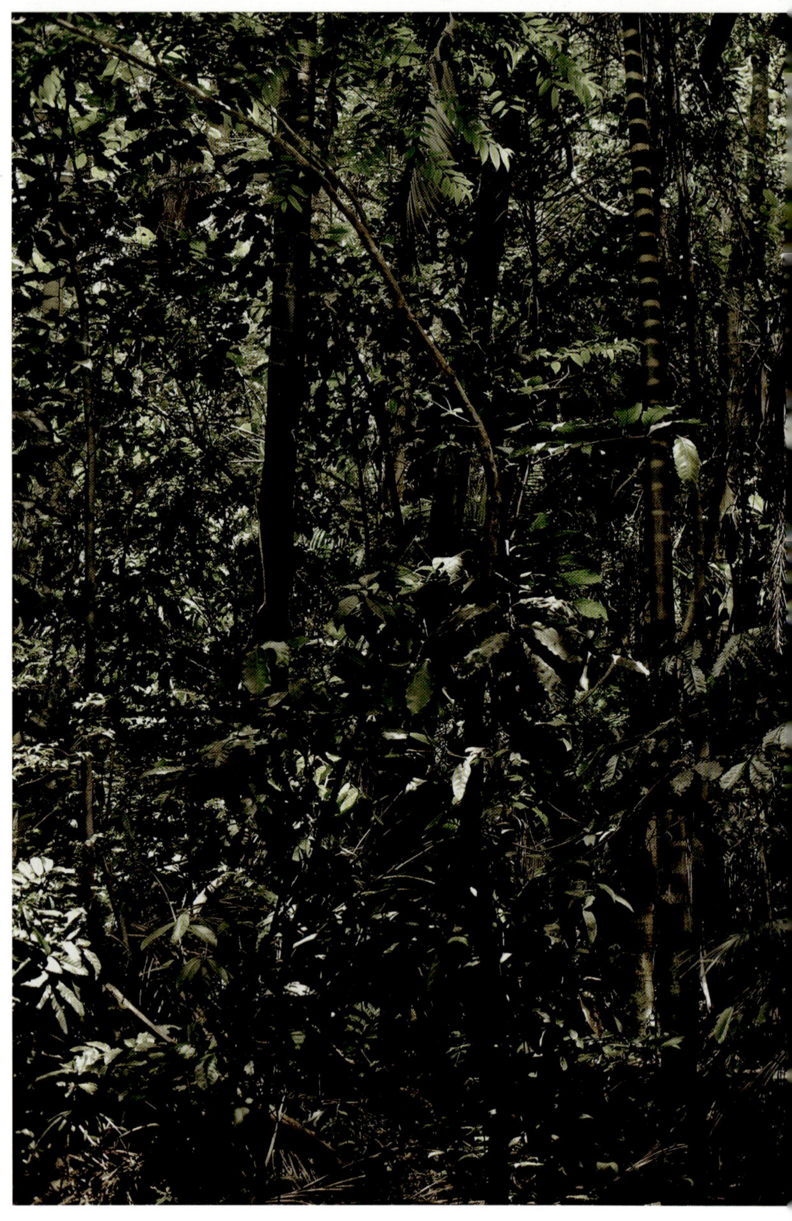

23. Serie: «Naturaleza», 2007

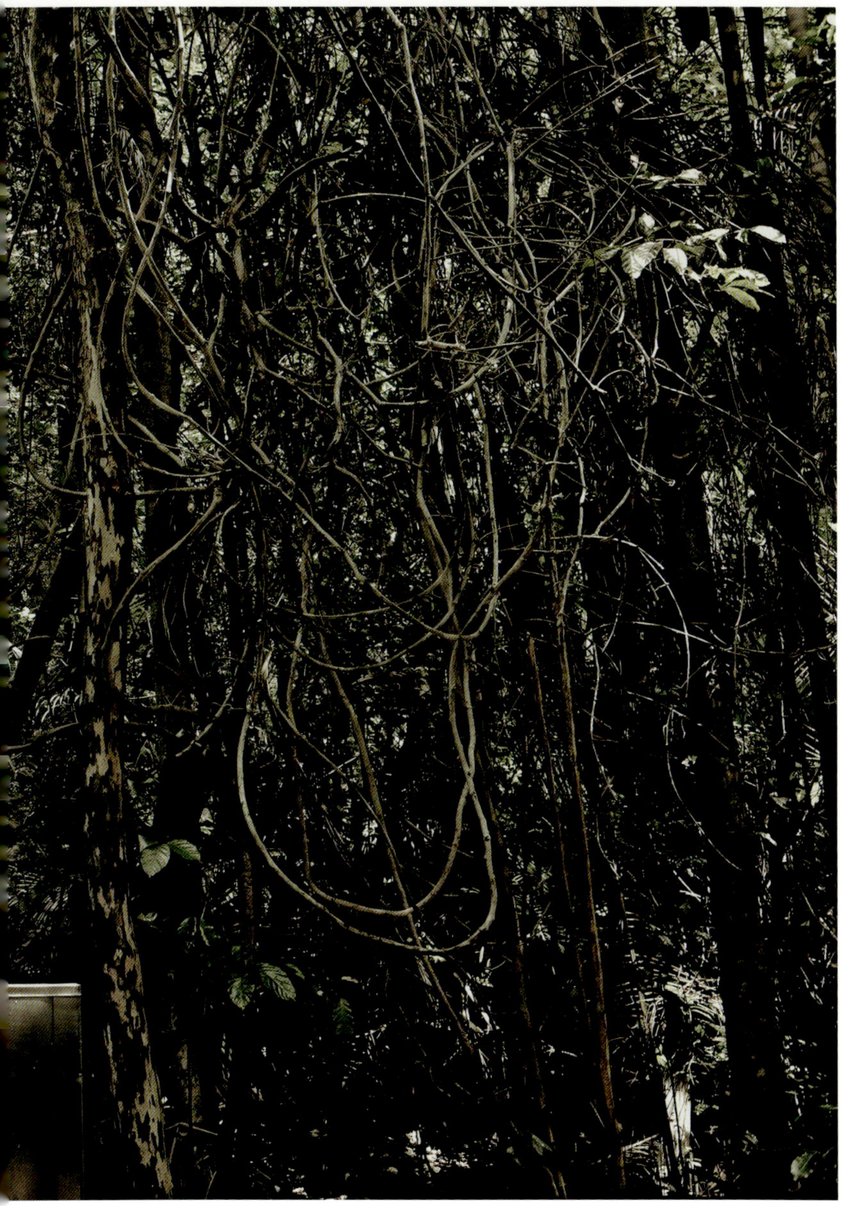

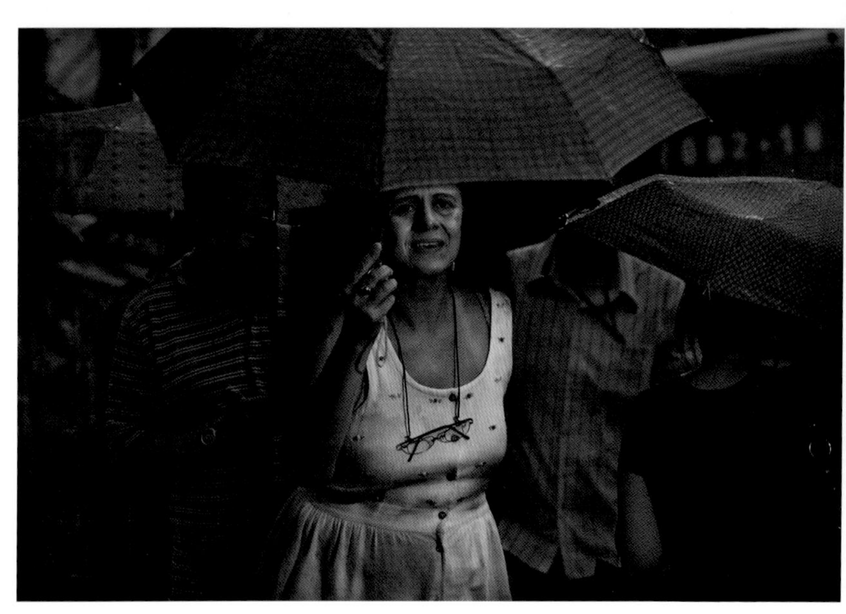

24. Serie: «Chuva», 2010

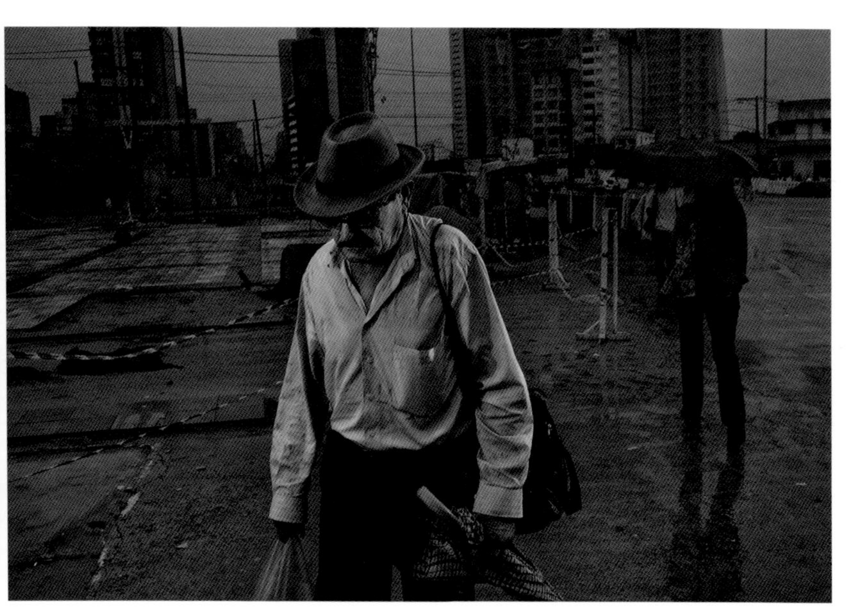

25. Serie: «Chuva», 2010

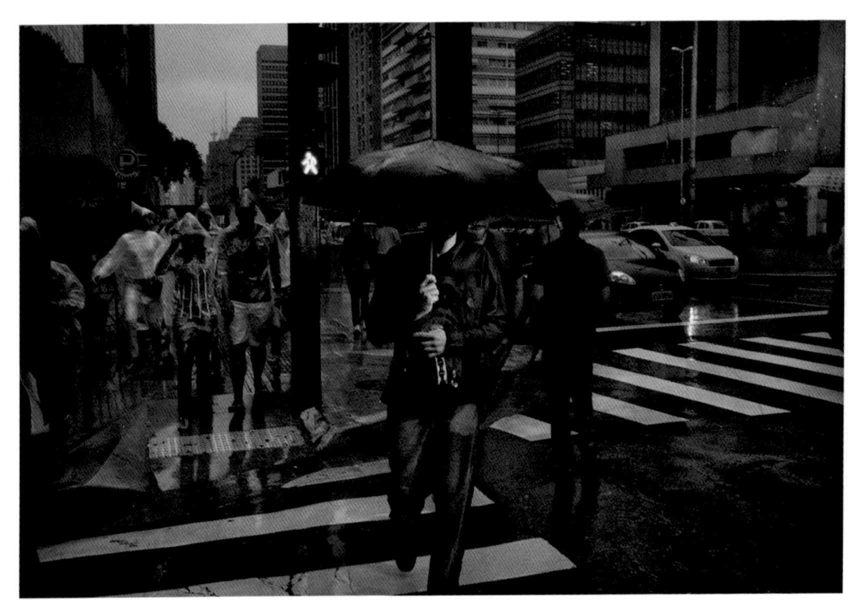

26. Serie: «Chuva», 2010

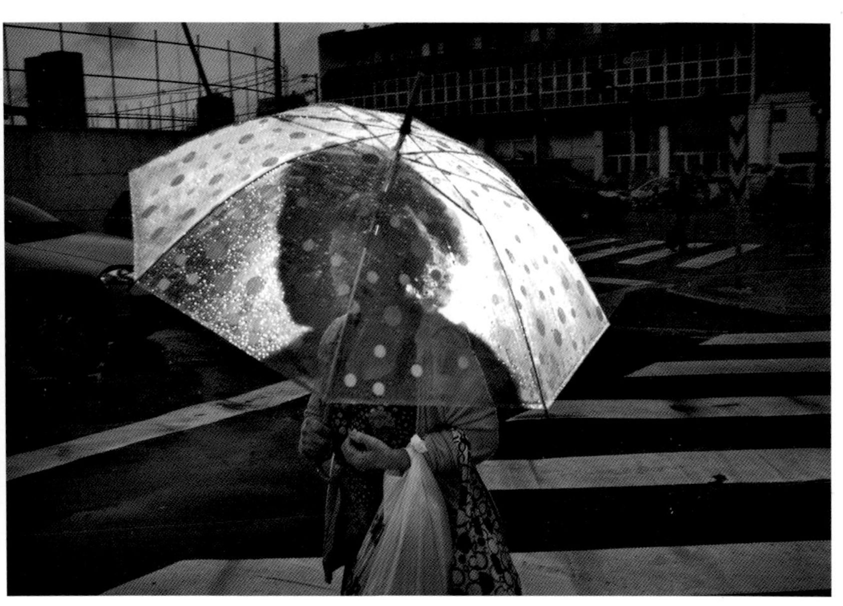

27. Serie: «Chuva», 2010

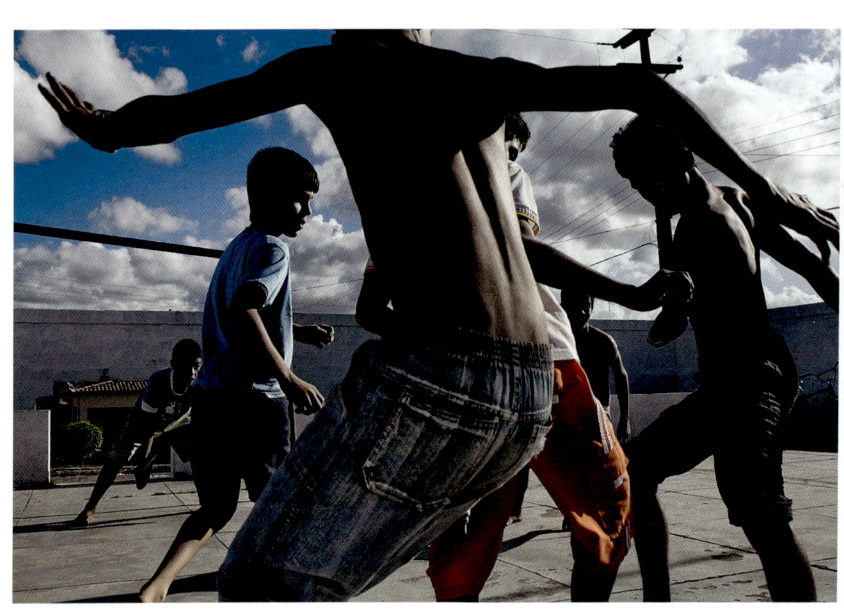

28. Serie: «Pelada», 2008

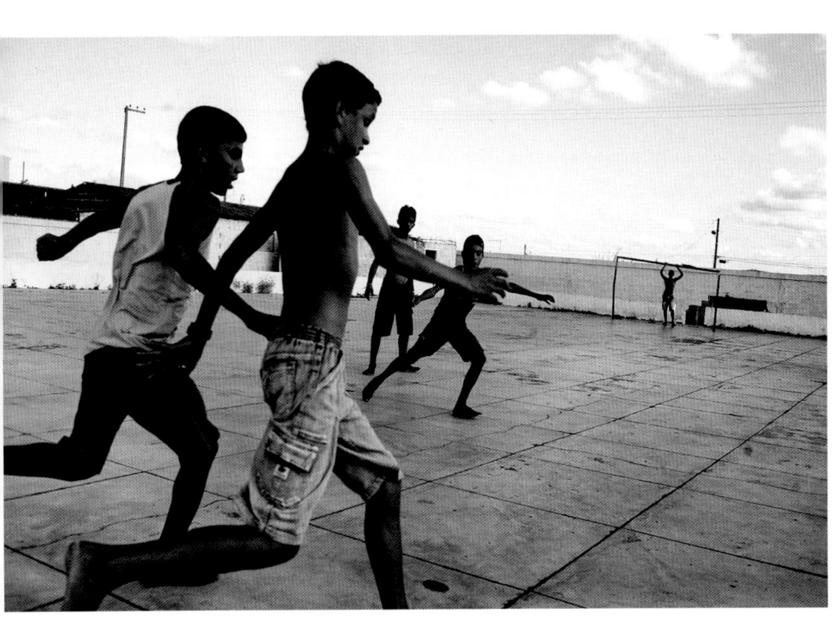

29. Serie: «Pelada», 2008

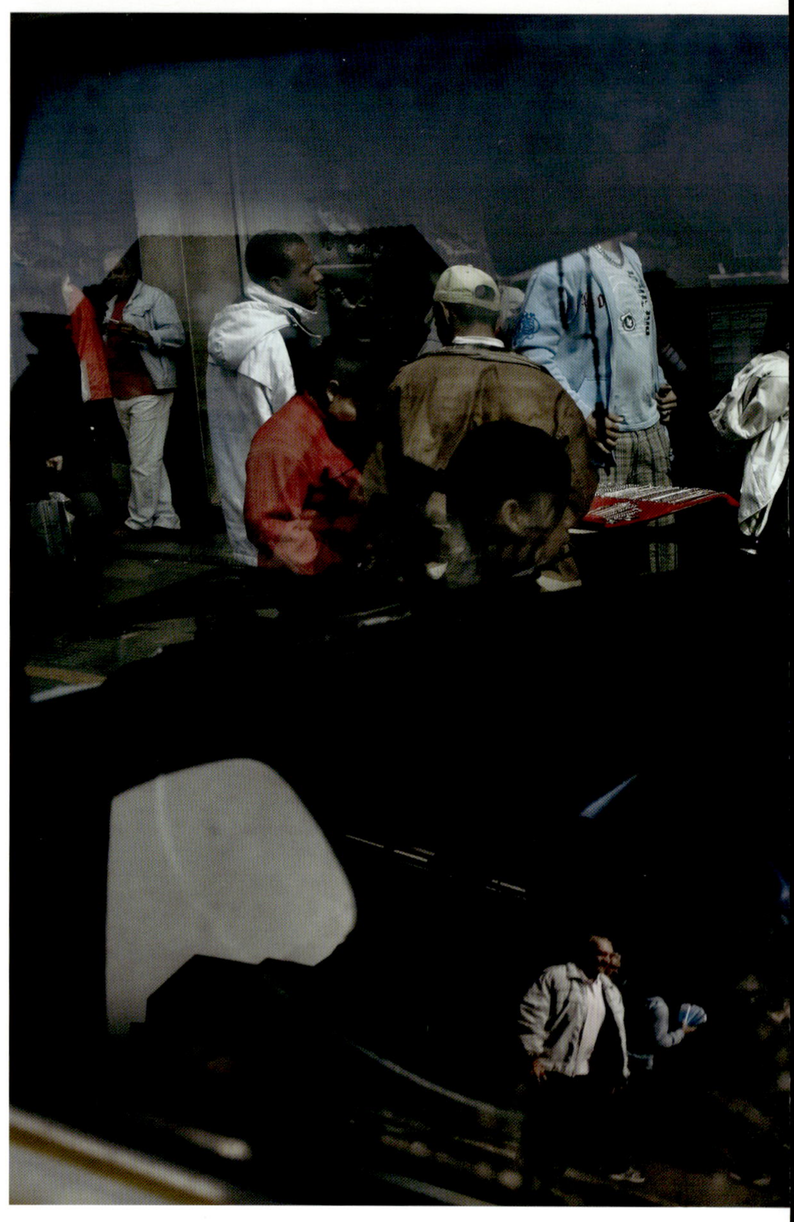

30. Serie: «25»

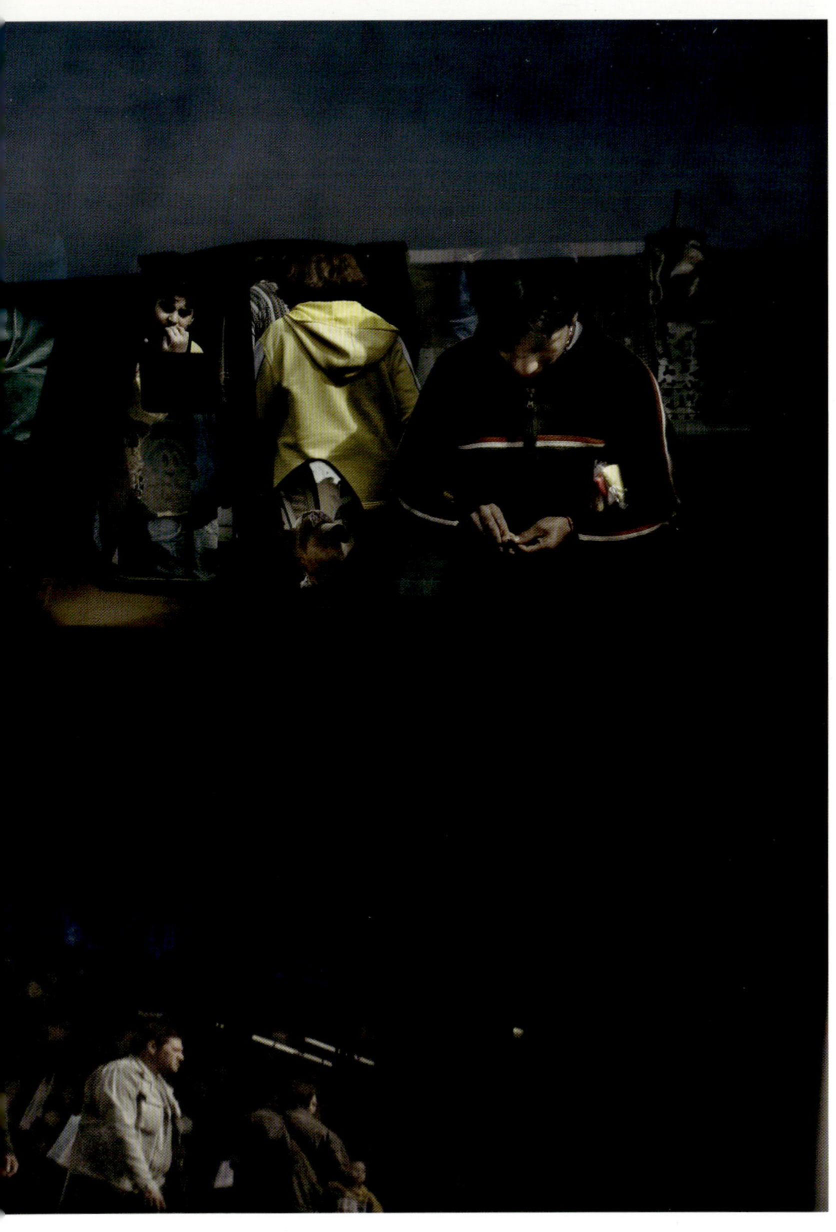

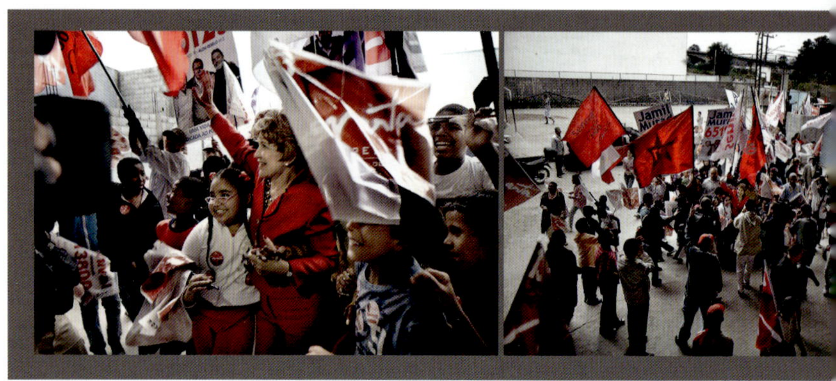

31. Serie: «Políticos», 2008

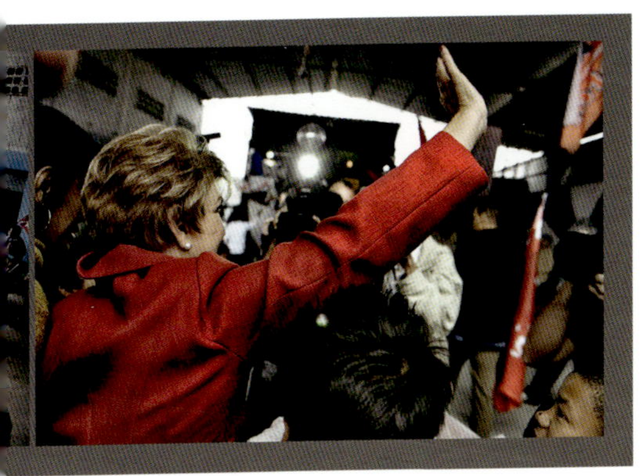

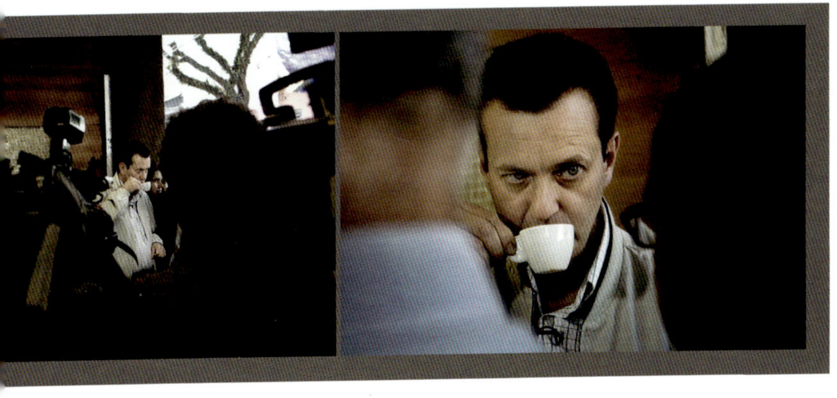

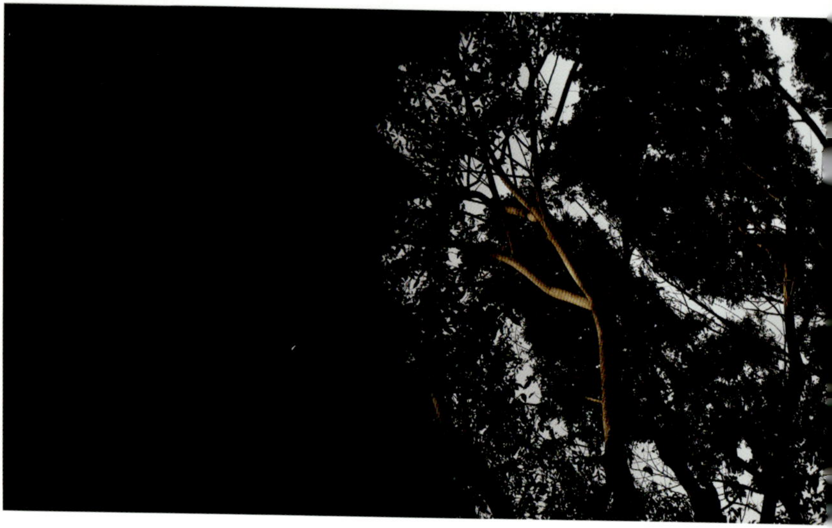

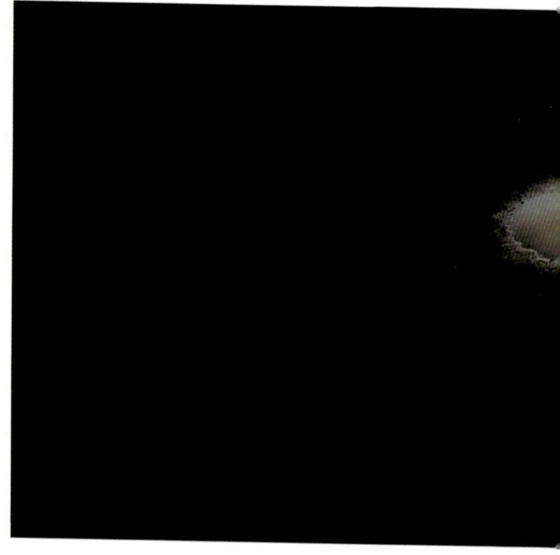

32. Serie: «Sobre el sol», 2011

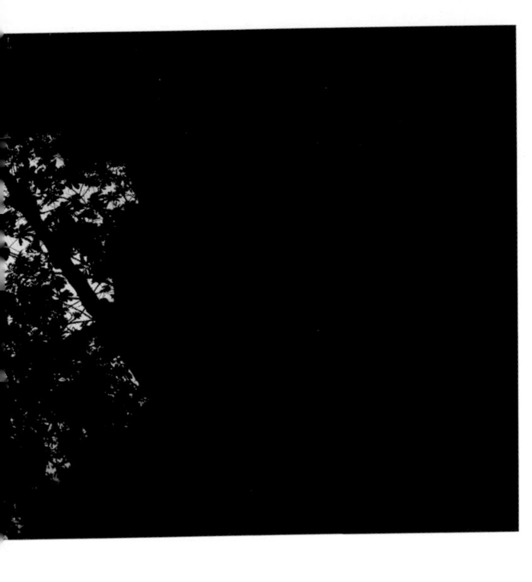

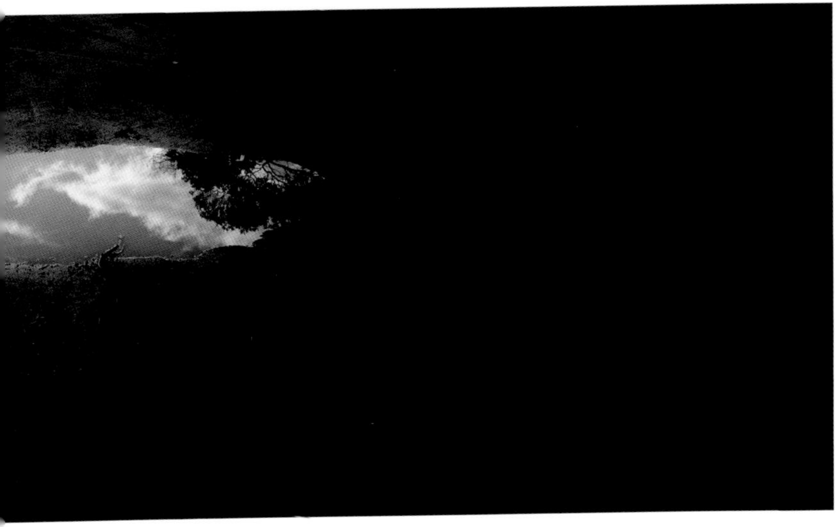

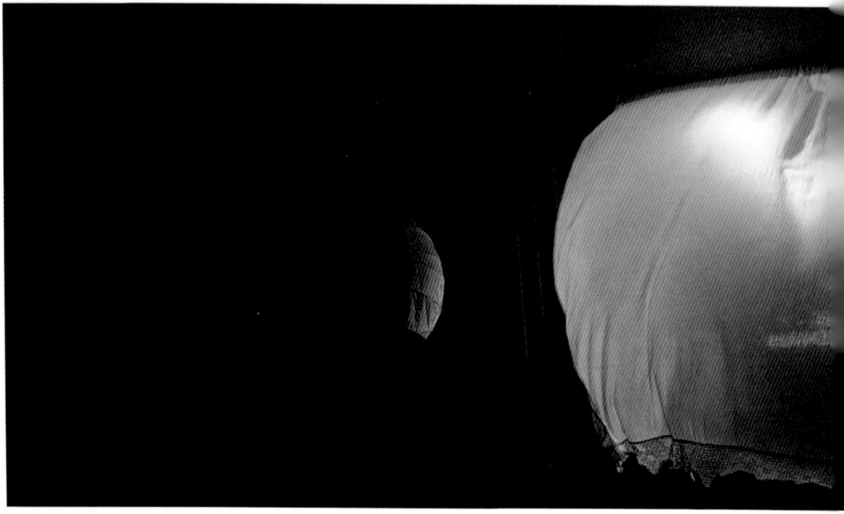

33. Serie: «Sobre el sol», 2011

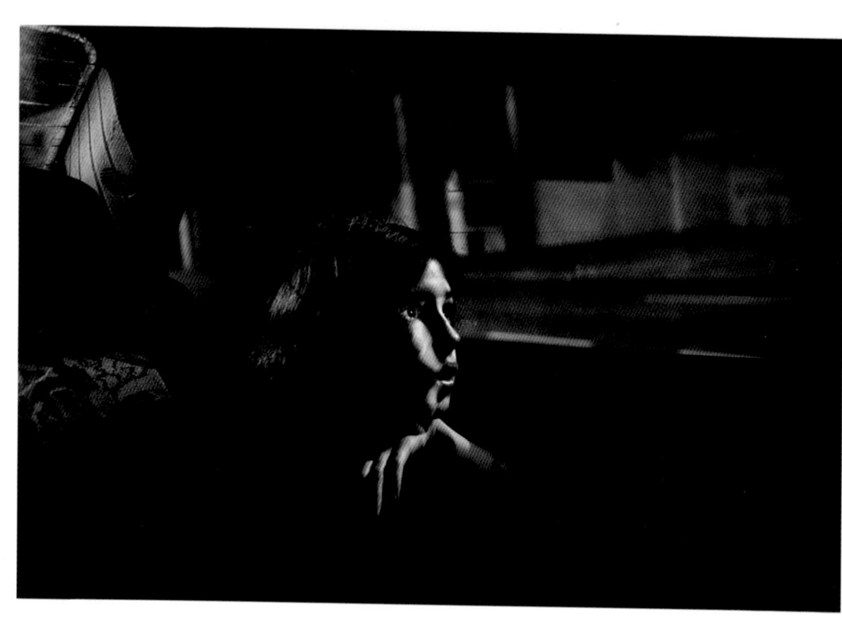

34. Serie: «Choro», 2006

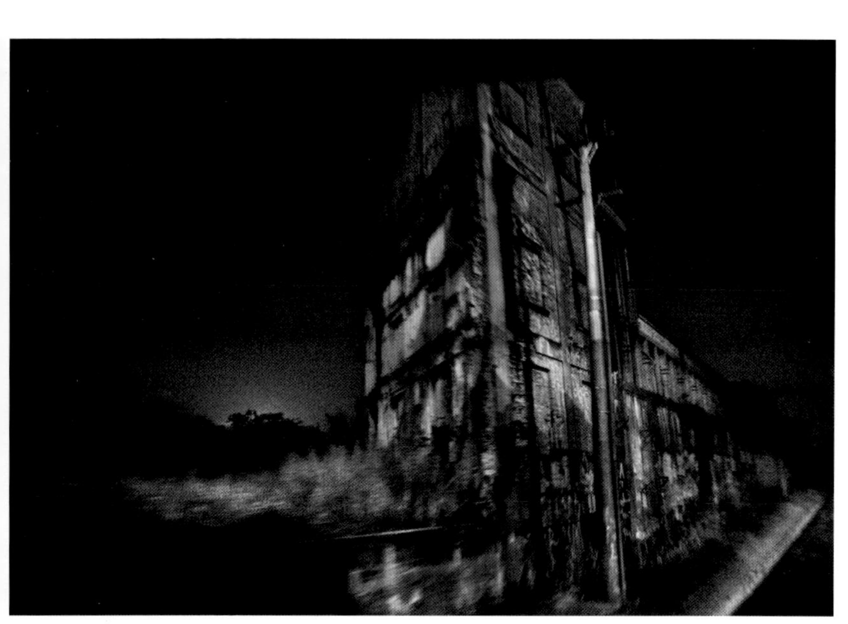

35. Serie: «Choro», 2006

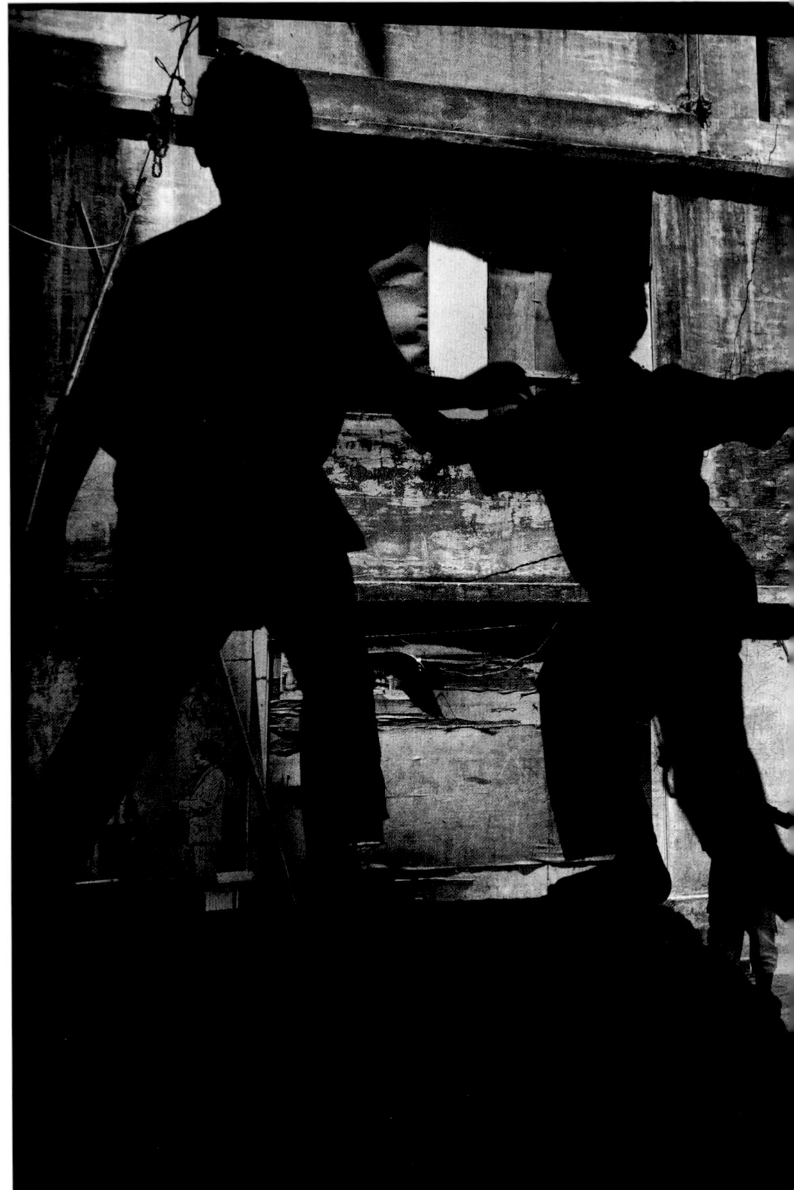

36. Serie: «Choro», 2006

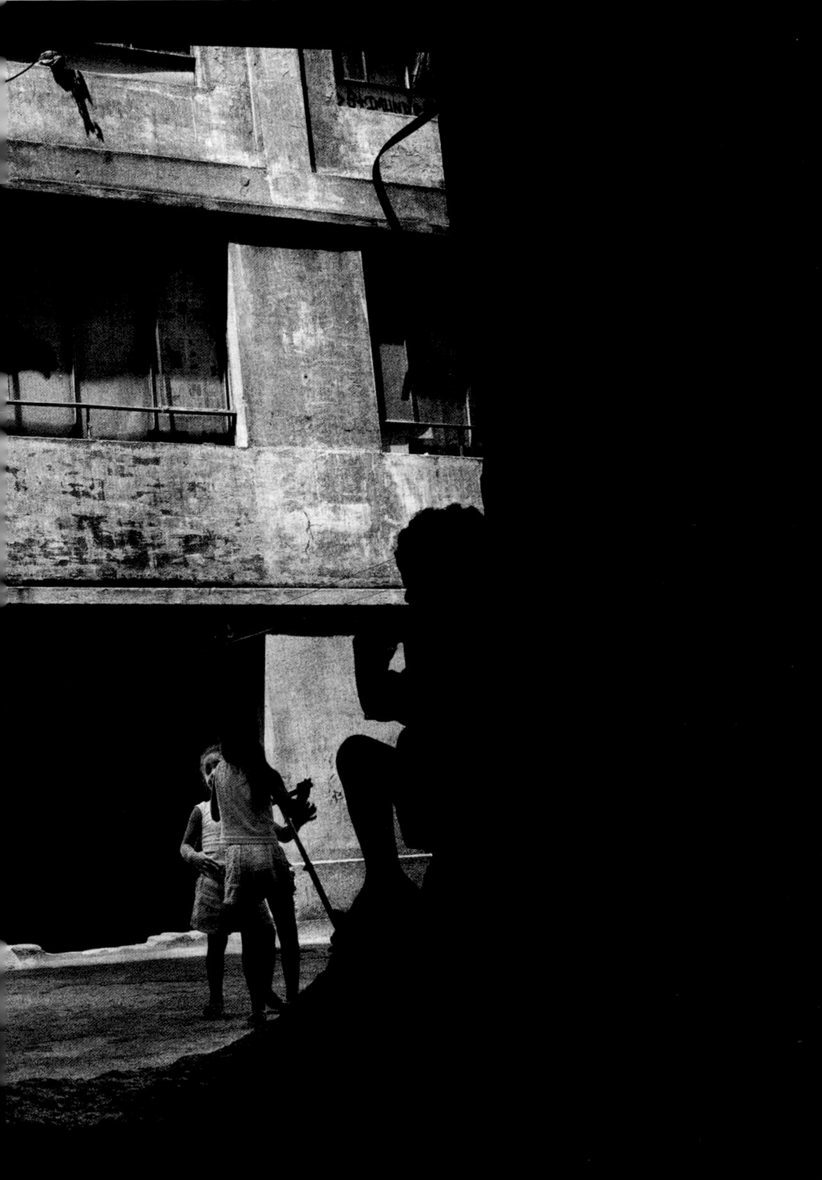

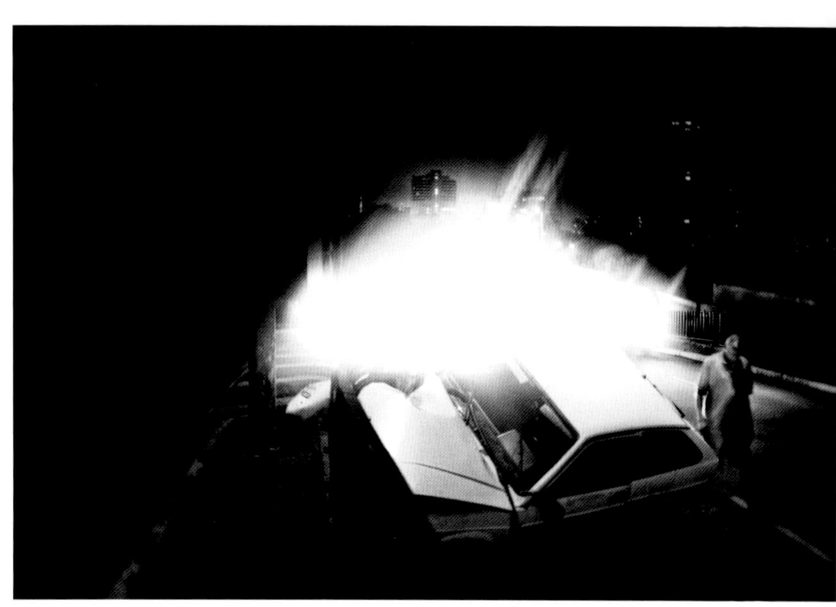

37. Serie: «Choro», 2006

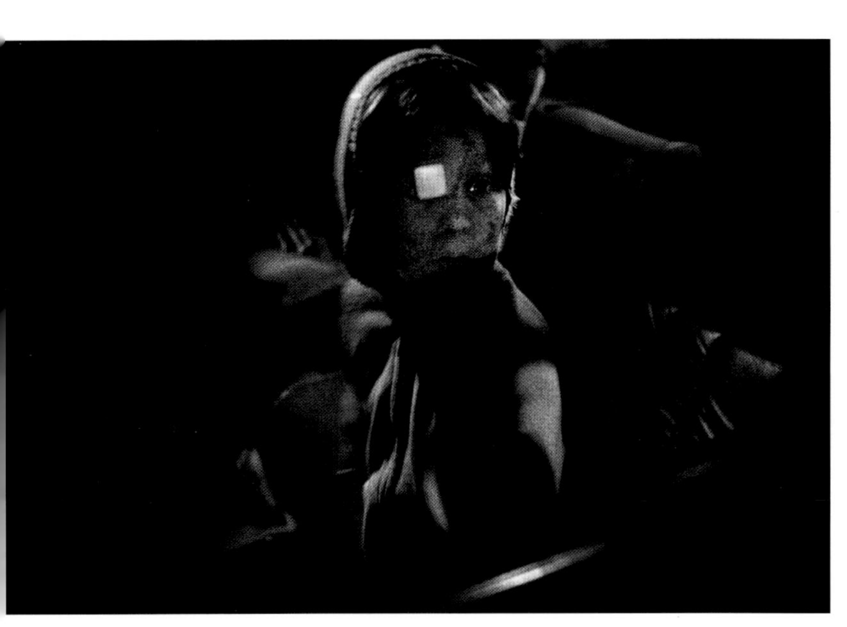

38. Serie: «Choro», 2006

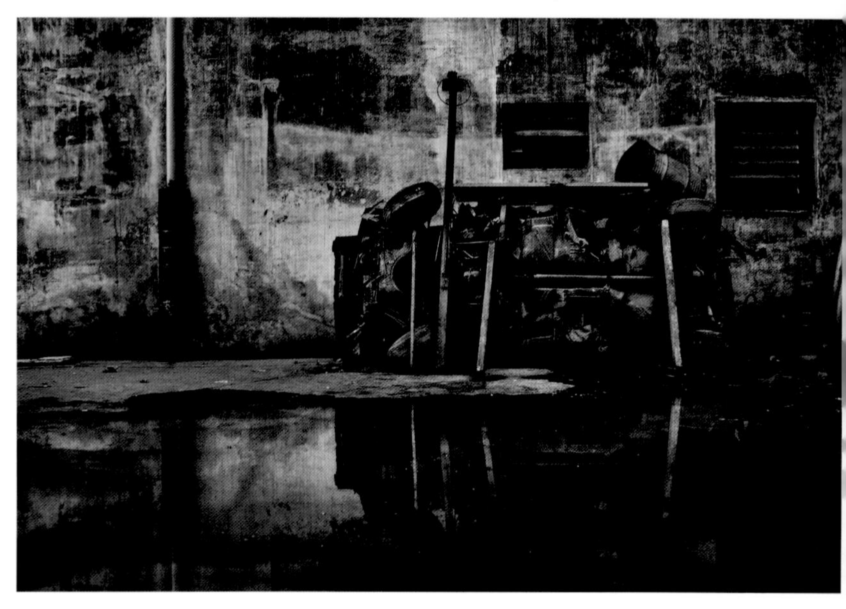

39. Serie: «Choro», 2006

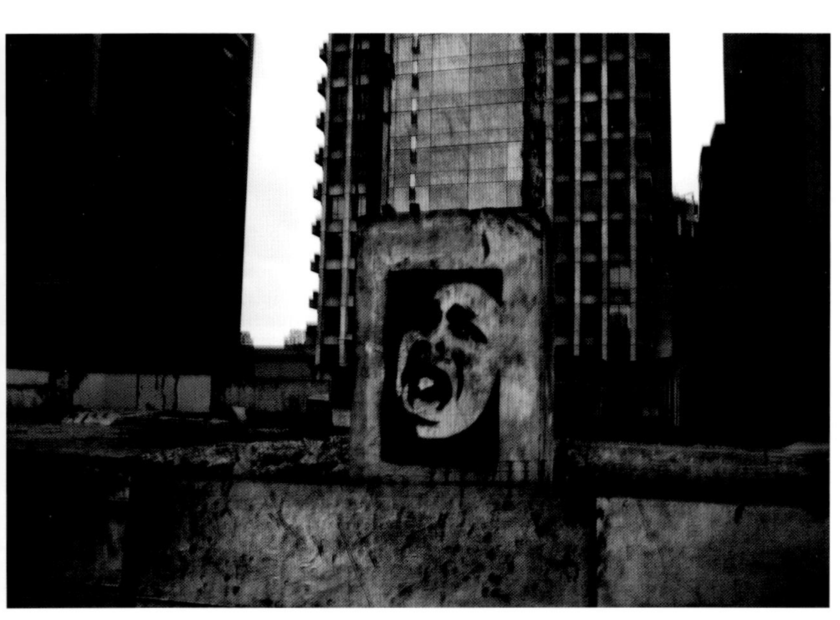

40. Serie: «Choro», 2006

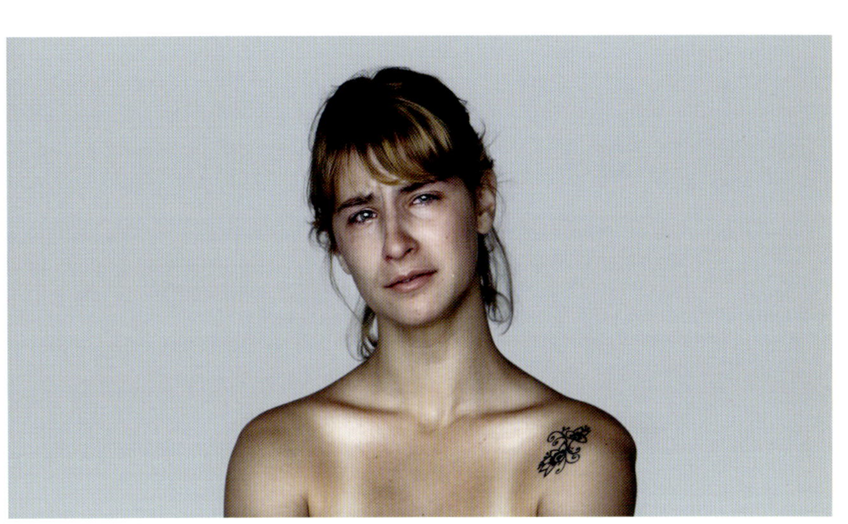

41. Serie: «Choro», 2006

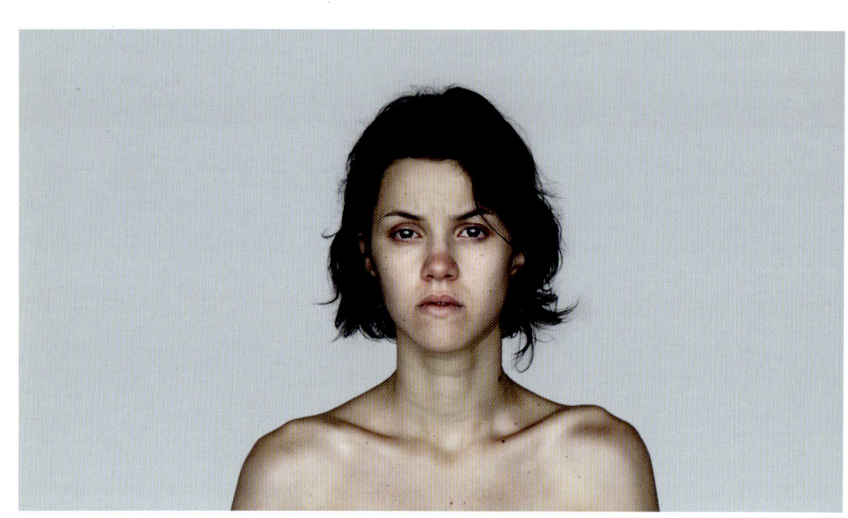

42. Serie: «Choro», 2006

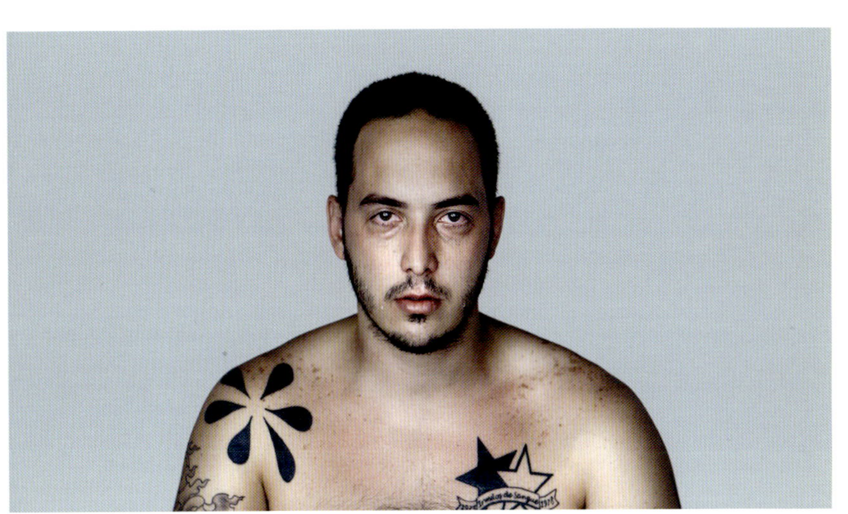

43. Serie: «Choro», 2006

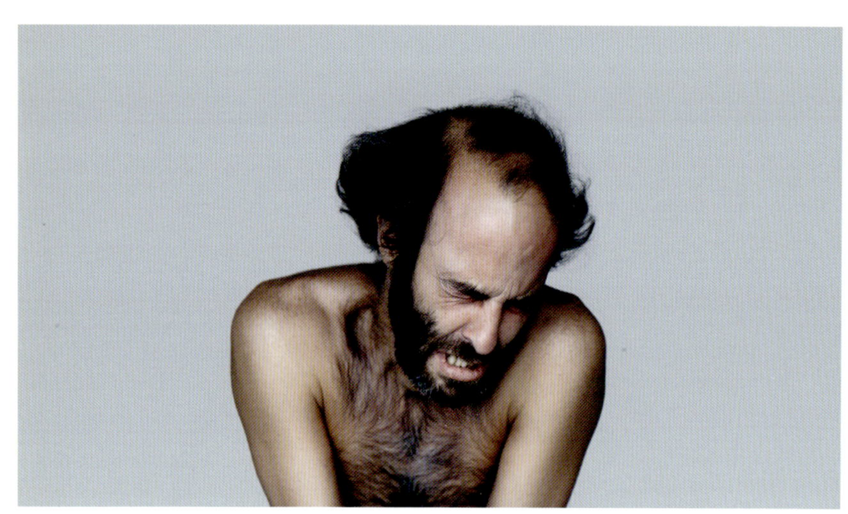

44. Serie: «Choro», 2006

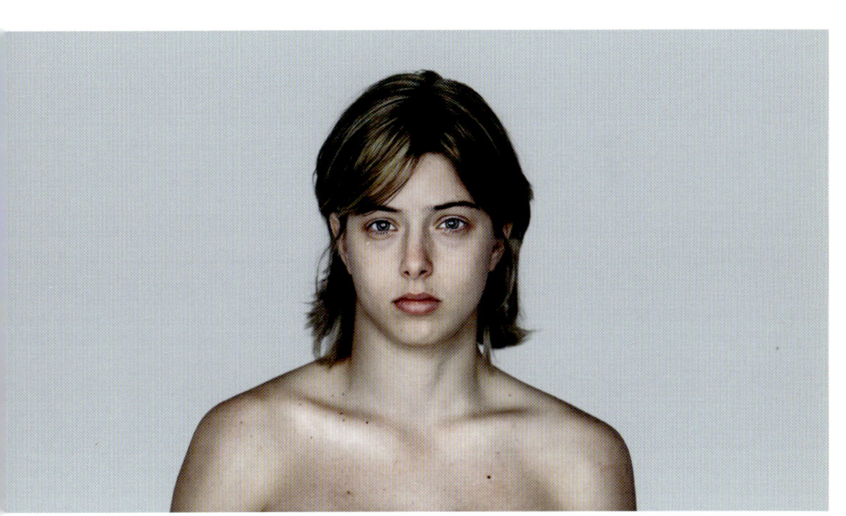

45. Serie: «Choro», 2006

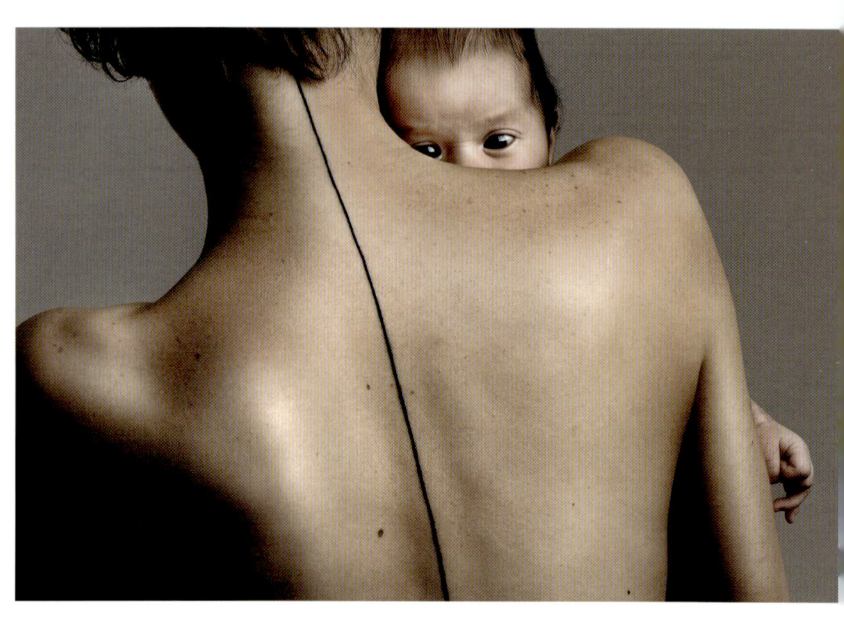

46. Serie: «Caixa de sapato», trabajo en proceso

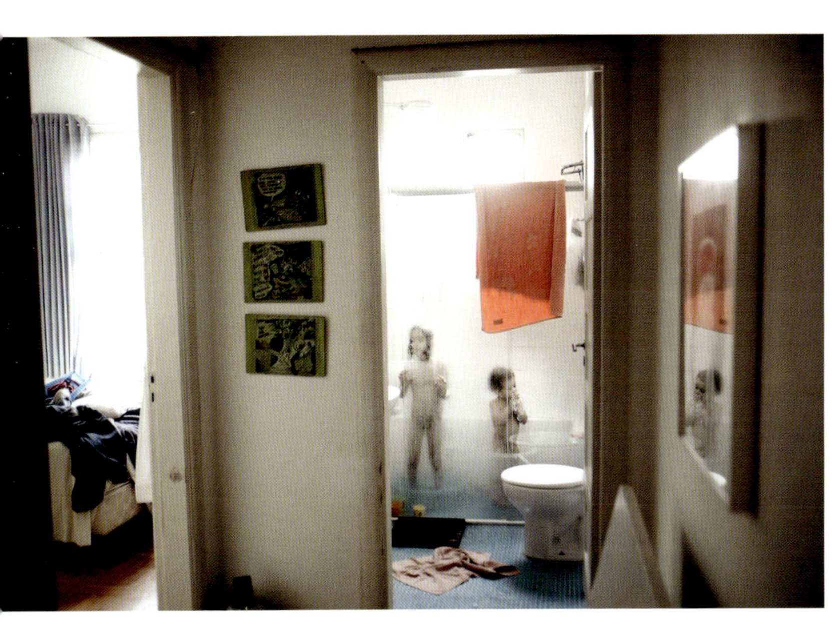

47. Serie: «Caixa de sapato», trabajo en proceso

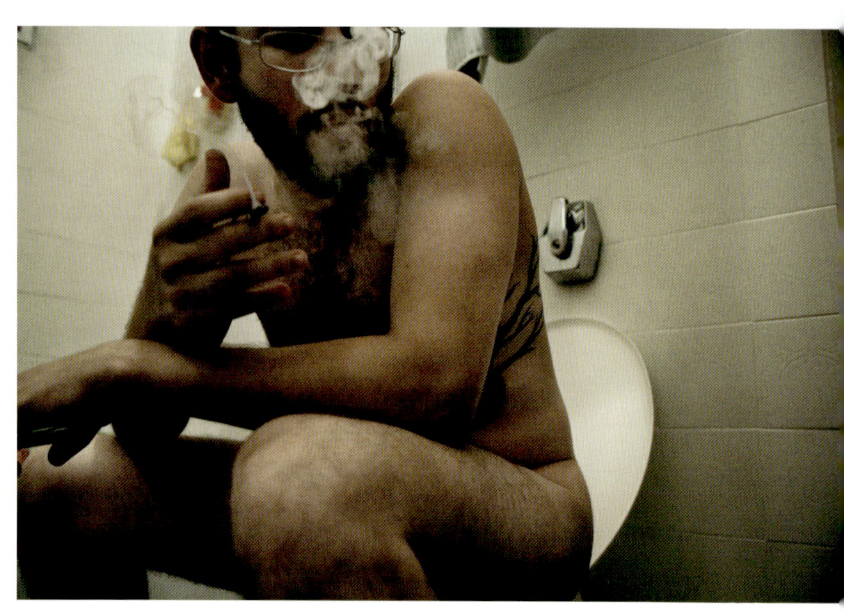

48. Serie: «Caixa de sapato», trabajo en proceso

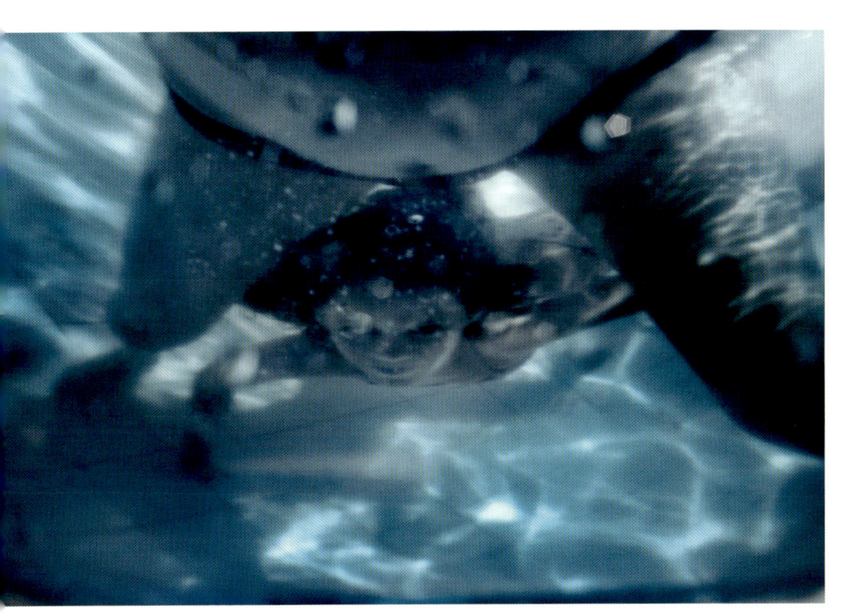

49. Serie: «Caixa de sapato», trabajo en proceso

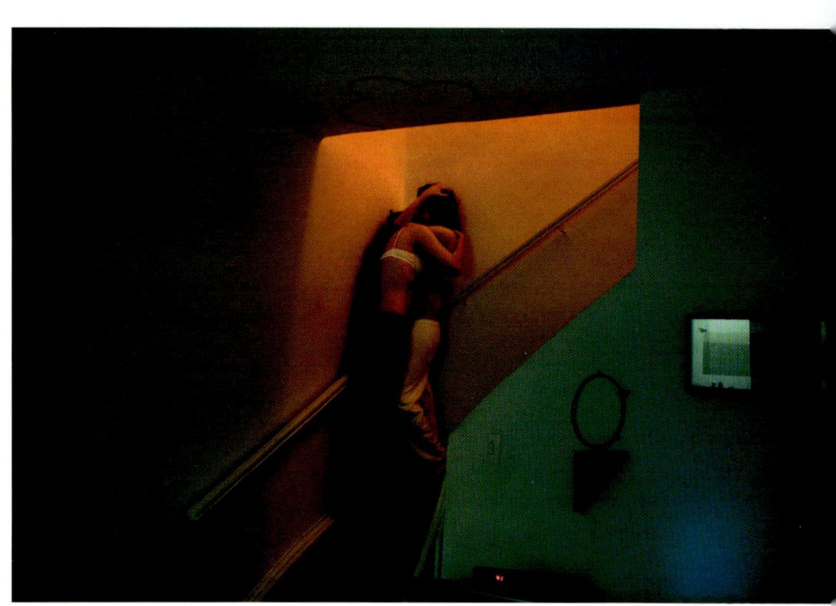

50. Serie: «Caixa de sapato», trabajo en proceso

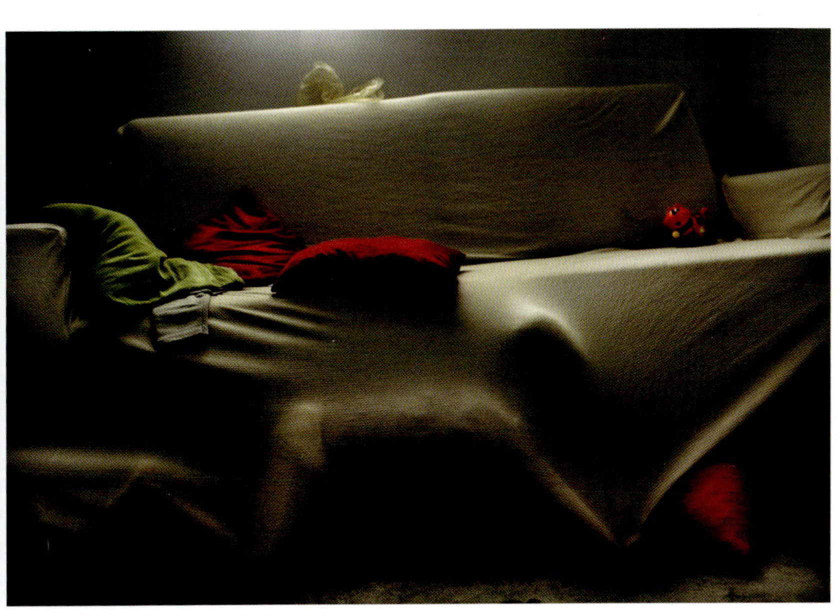

51. Serie: «Caixa de sapato», trabajo en proceso

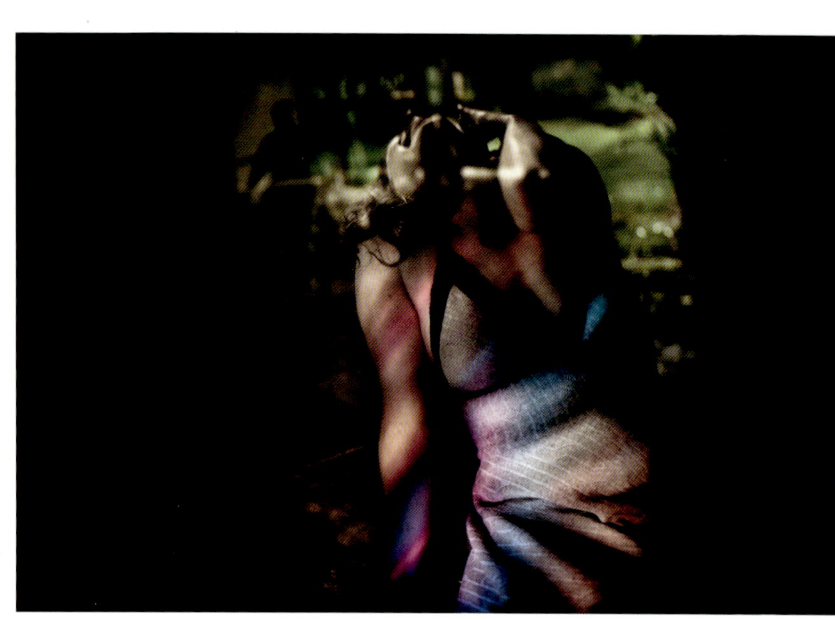

52. Serie: «Caixa de sapato», trabajo en proceso

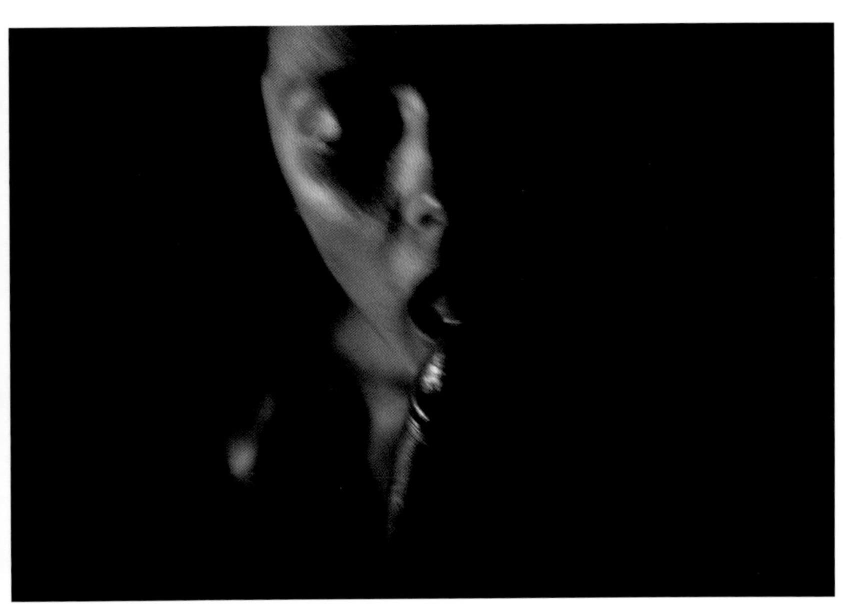

53. Serie: «Caixa de sapato», trabajo en proceso

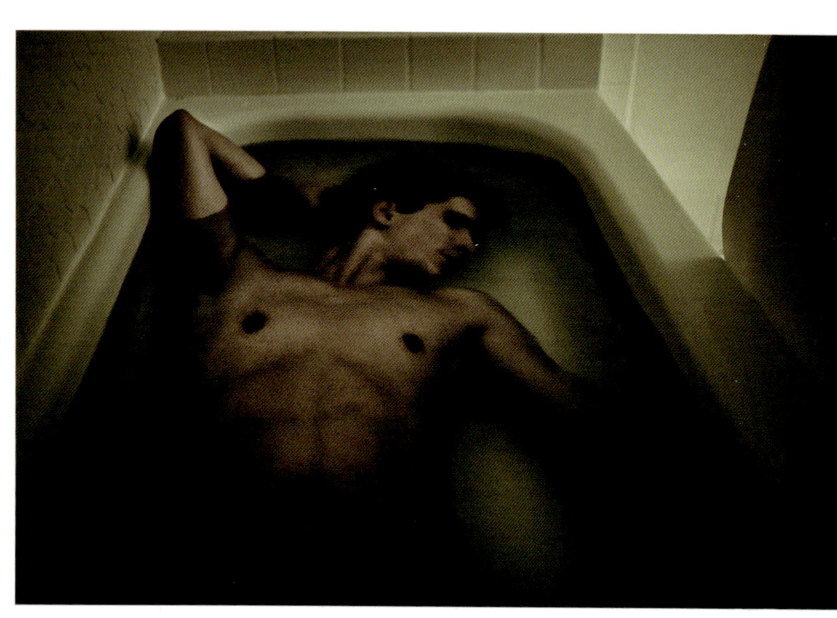

54. Serie: «Caixa de sapato», trabajo en proceso

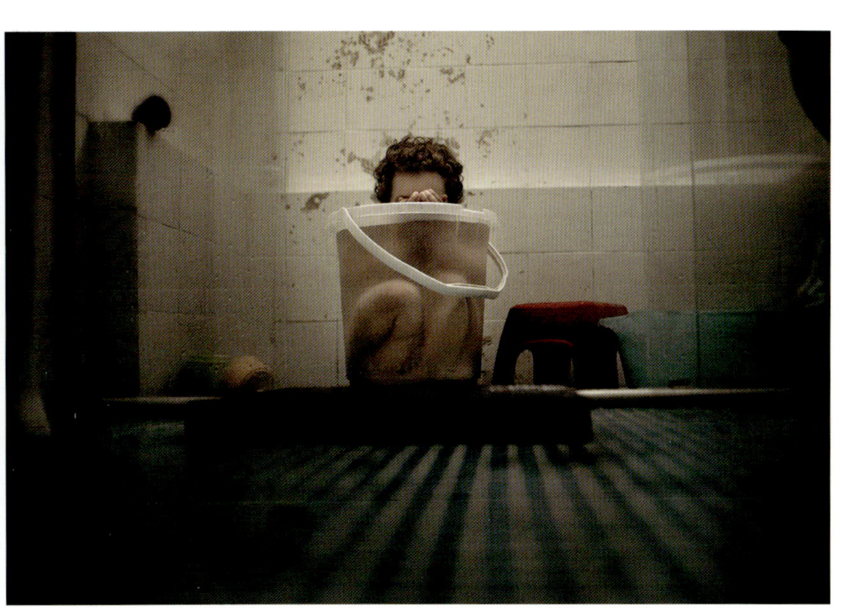

55. Serie: «Caixa de sapato», trabajo en proceso

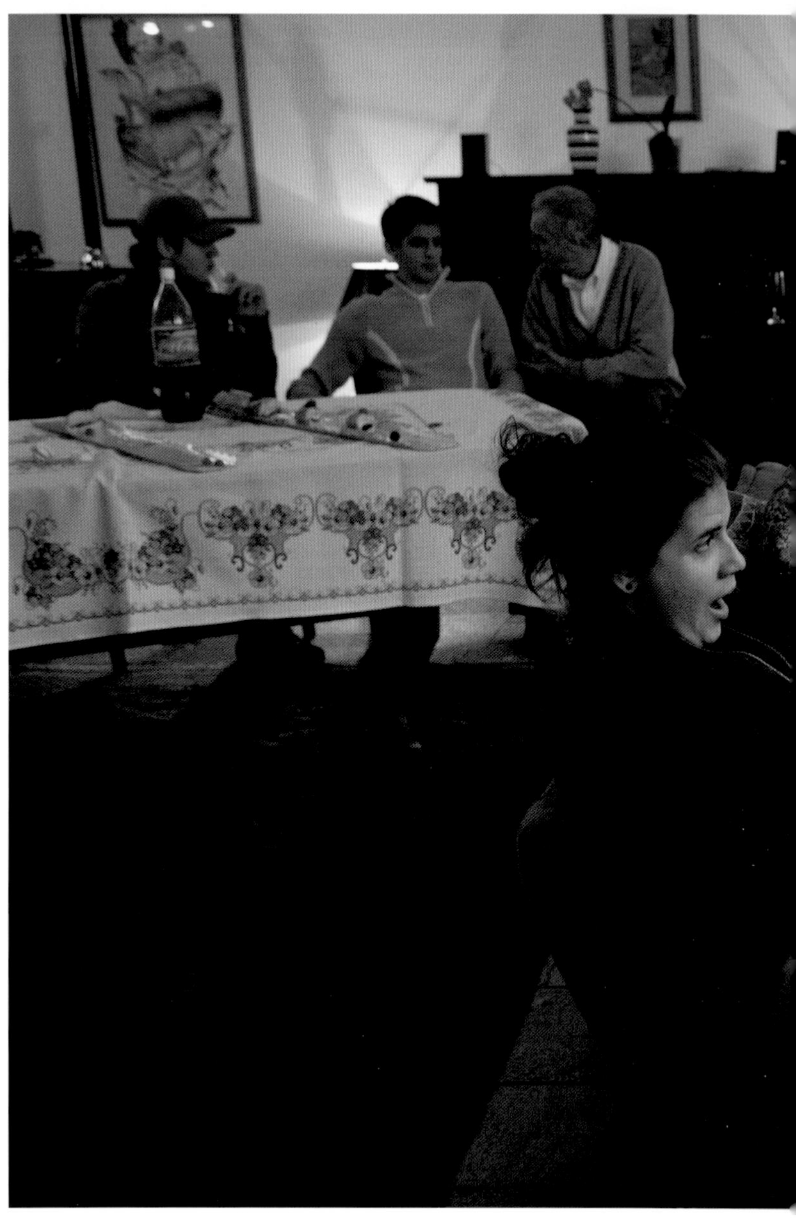

56. Serie: «Caixa de sapato», trabajo en proceso

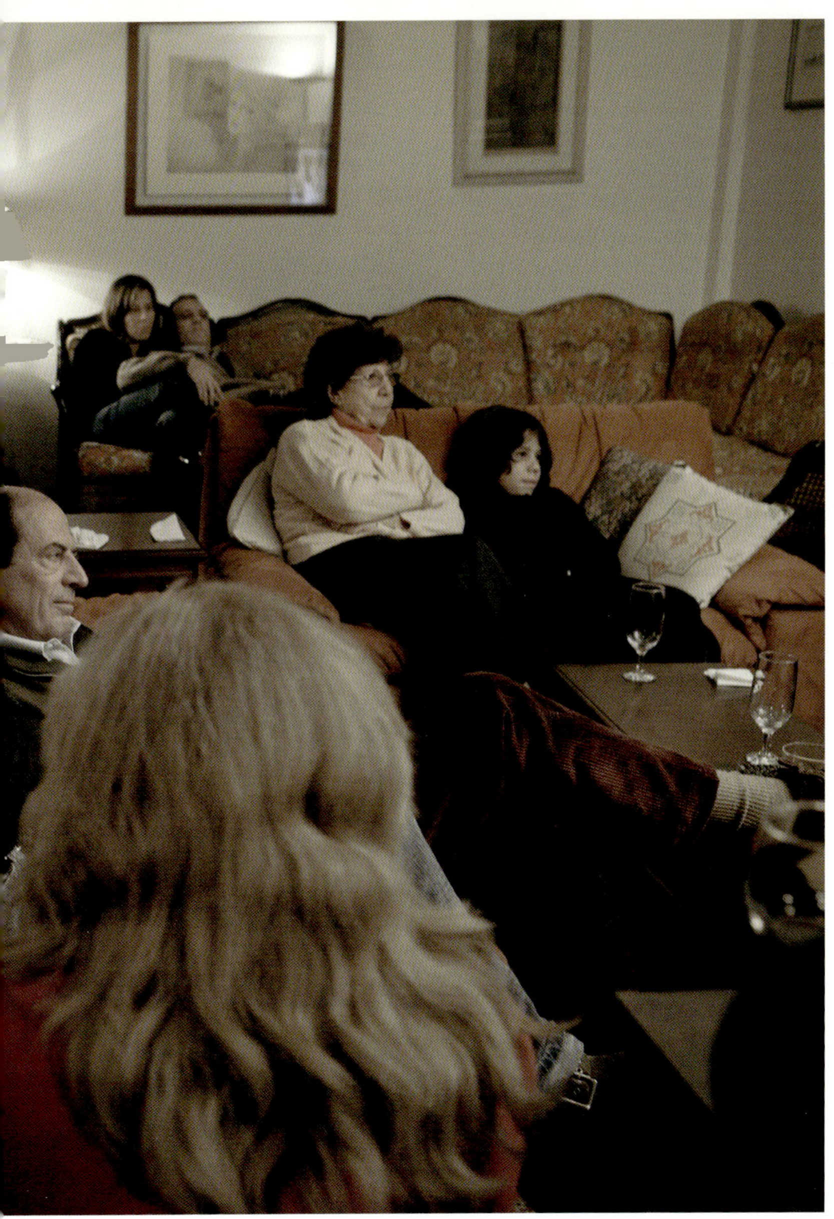

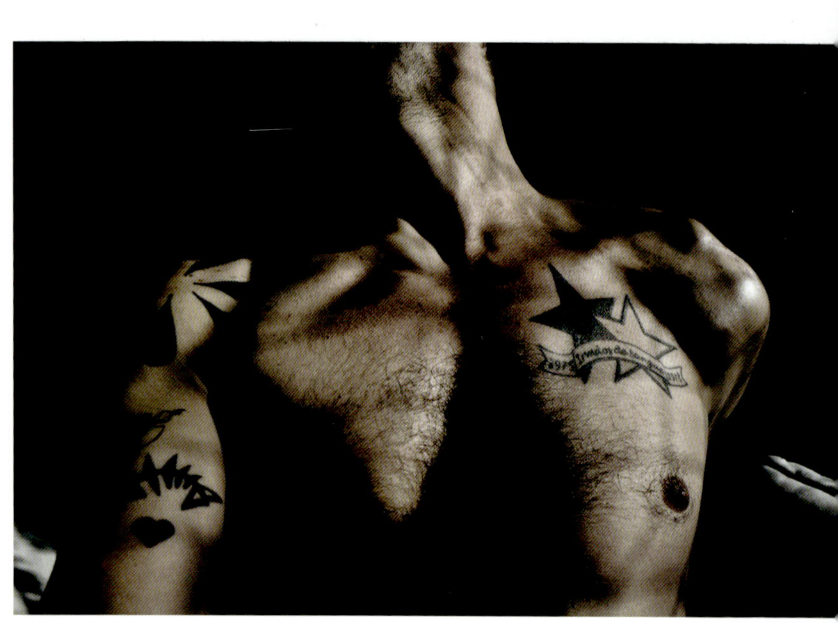

57. Serie: «Caixa de sapato», trabajo en proceso

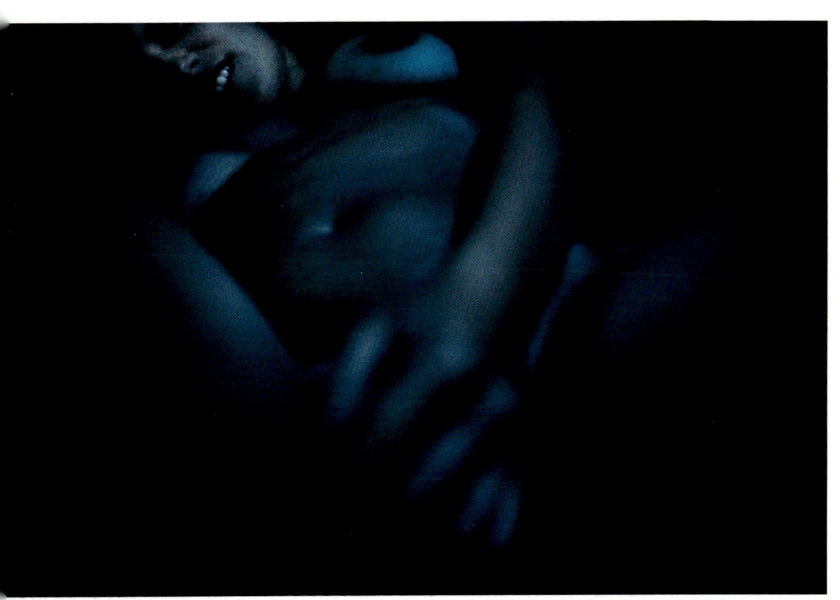

58. Serie: «Caixa de sapato», trabajo en proceso

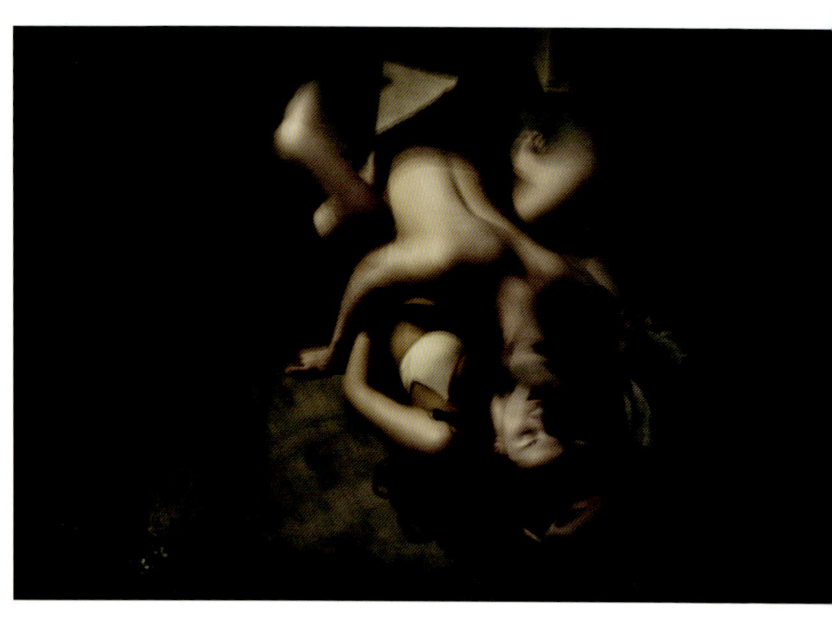

59. Serie: «Caixa de sapato», trabajo en proceso

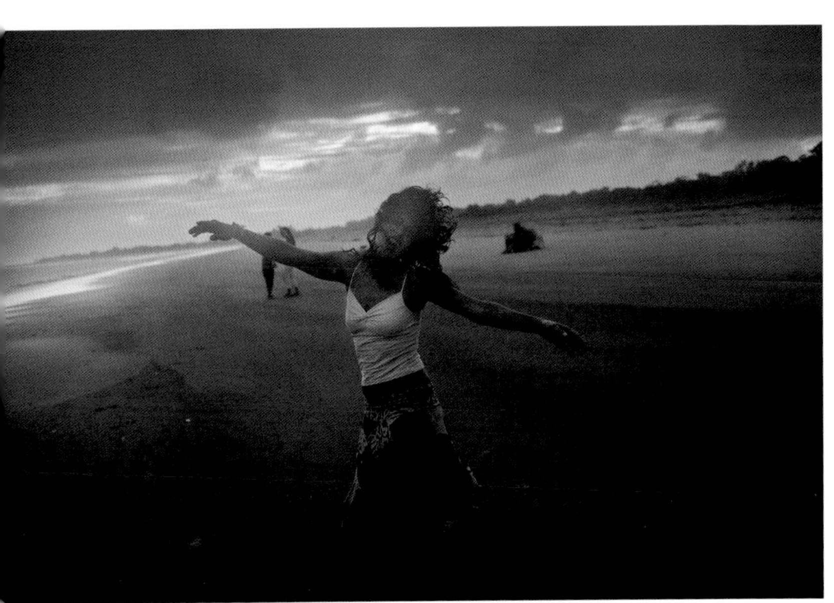

60. Serie: «Caixa de sapato», trabajo en proceso

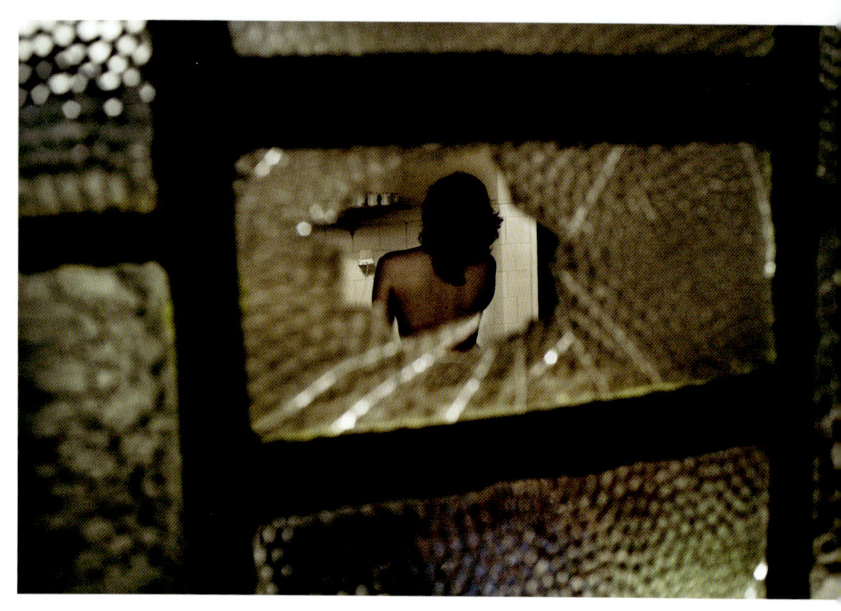

61. Serie: «Caixa de sapato», trabajo en proceso

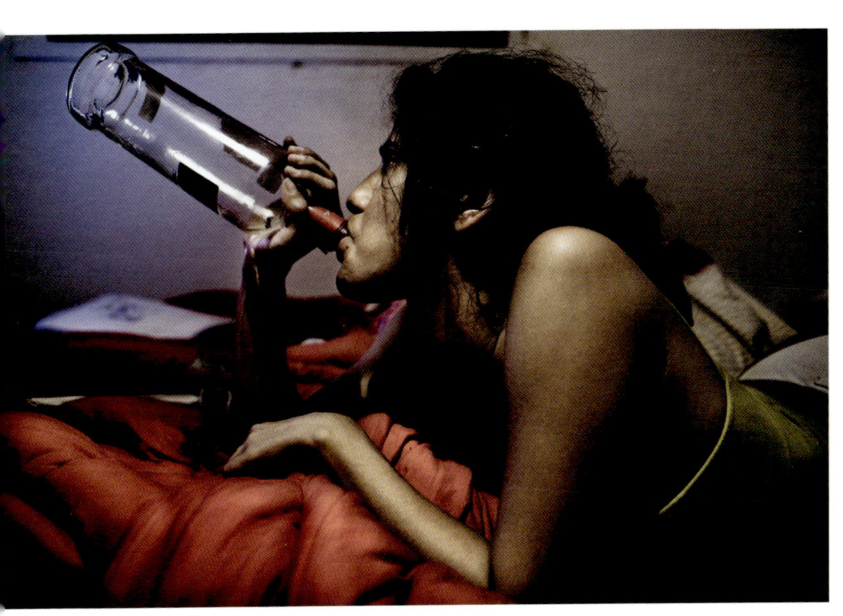

62. Serie: «Caixa de sapato», trabajo en proceso

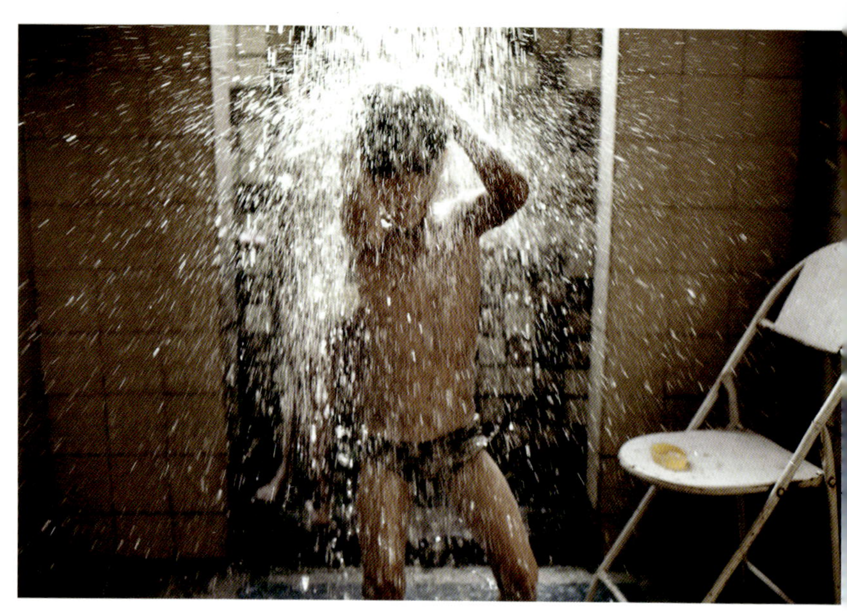

63. Serie: «Caixa de sapato», trabajo en proceso

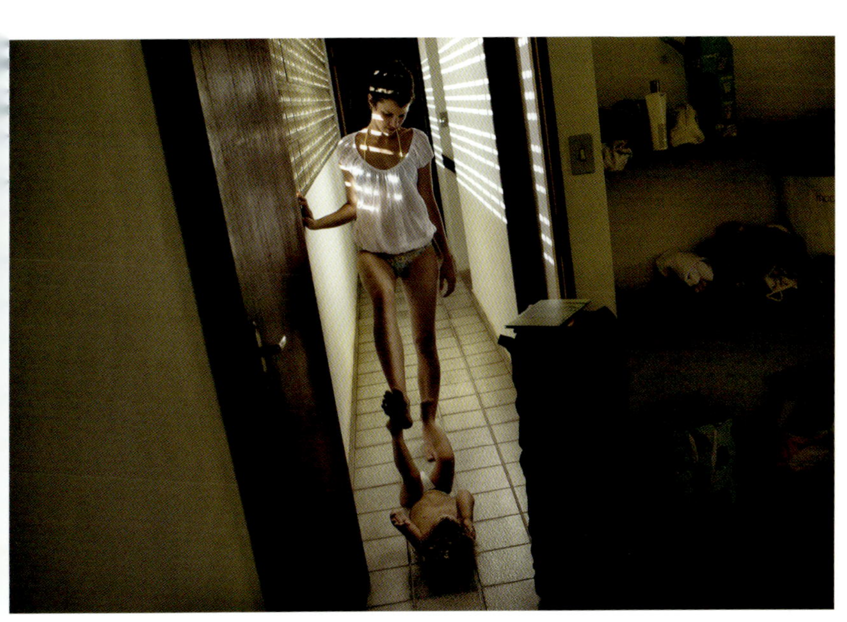

64. Serie: «Caixa de sapato», trabajo en proceso

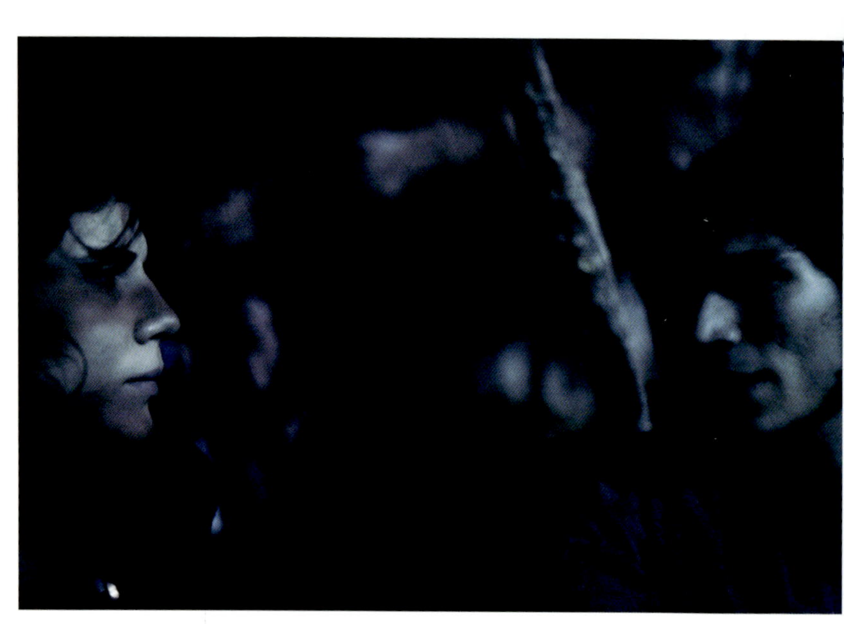

65. Serie: «Caixa de sapato», trabajo en proceso

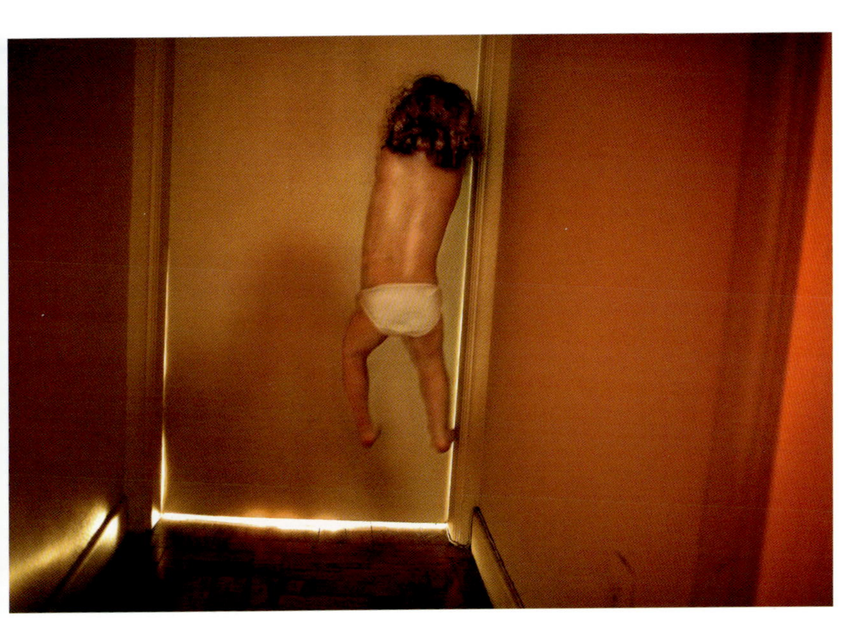

66. Serie: «Caixa de sapato», trabajo en proceso

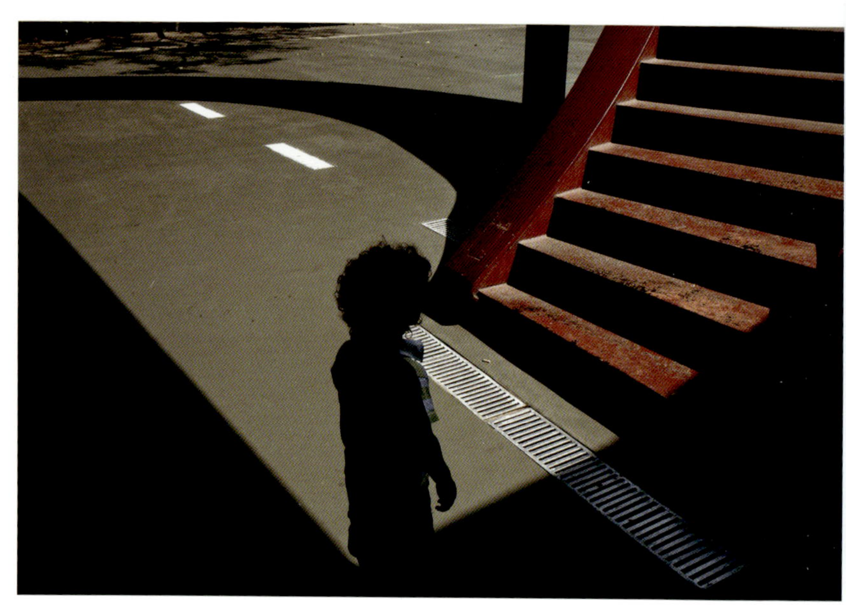

67. Serie: «Caixa de sapato», trabajo en proceso

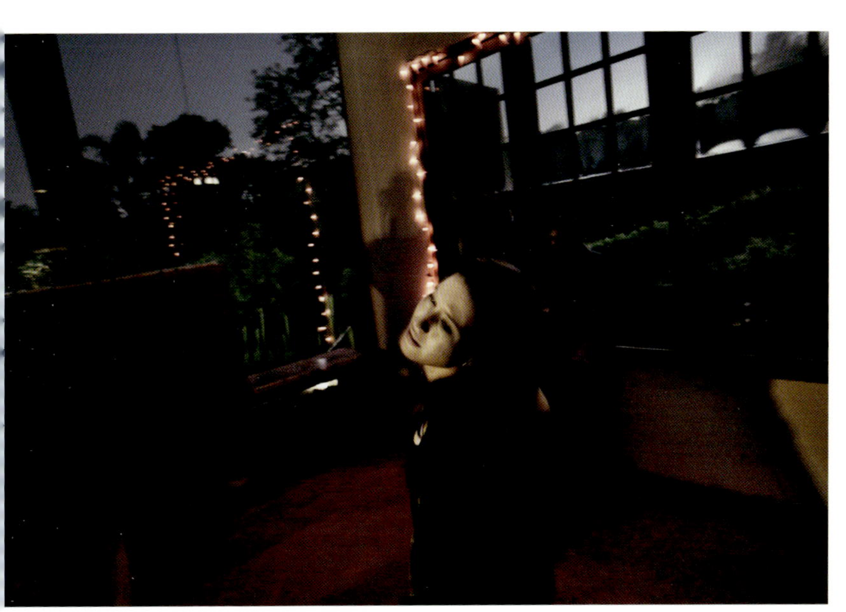

68. Serie: «Caixa de sapato», trabajo en proceso

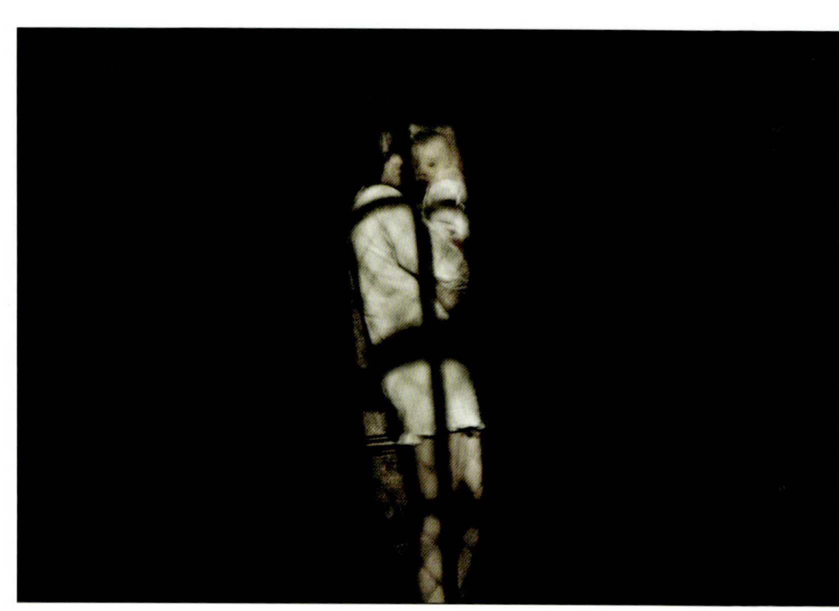

69. Serie: «Caixa de sapato», trabajo en proceso

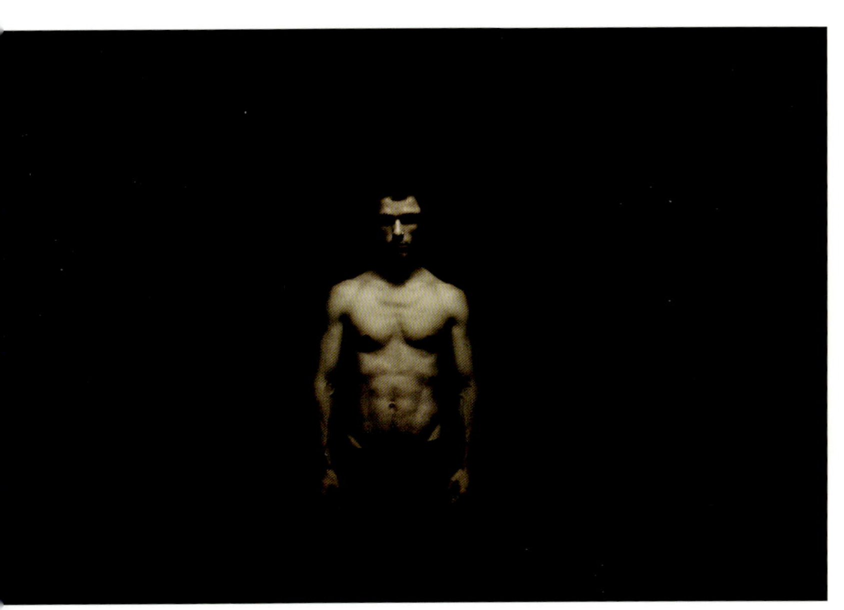

70. Serie: «Caixa de sapato», trabajo en proceso

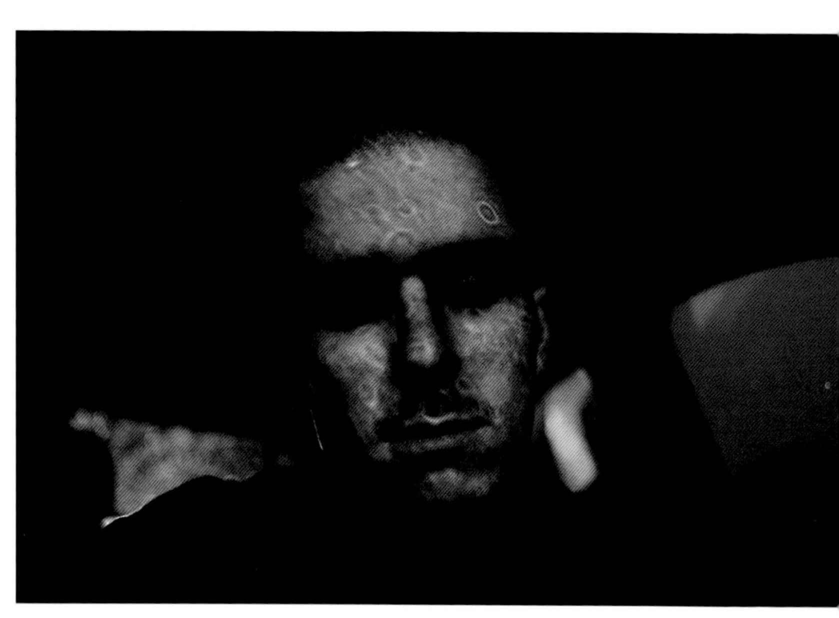

71. Serie: «Caixa de sapato», trabajo en proceso

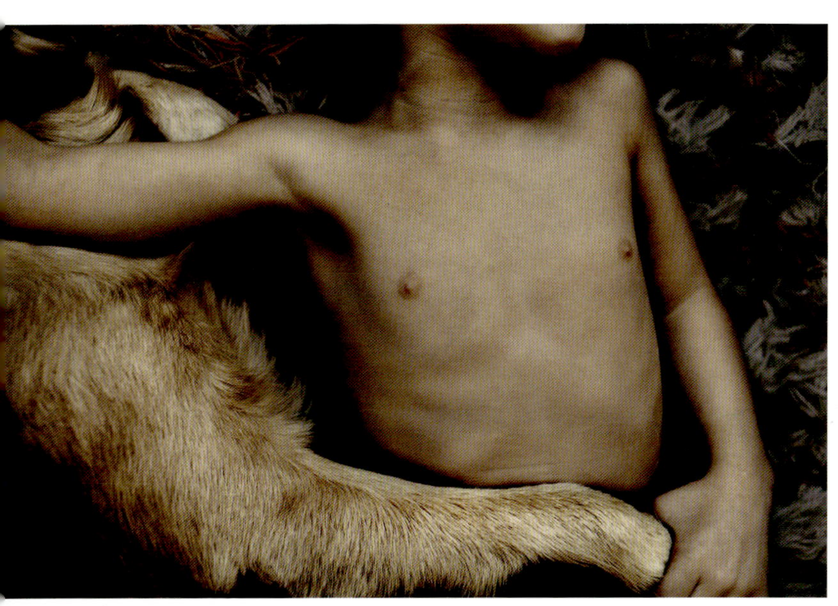

72. Serie: «Caixa de sapato», trabajo en proceso

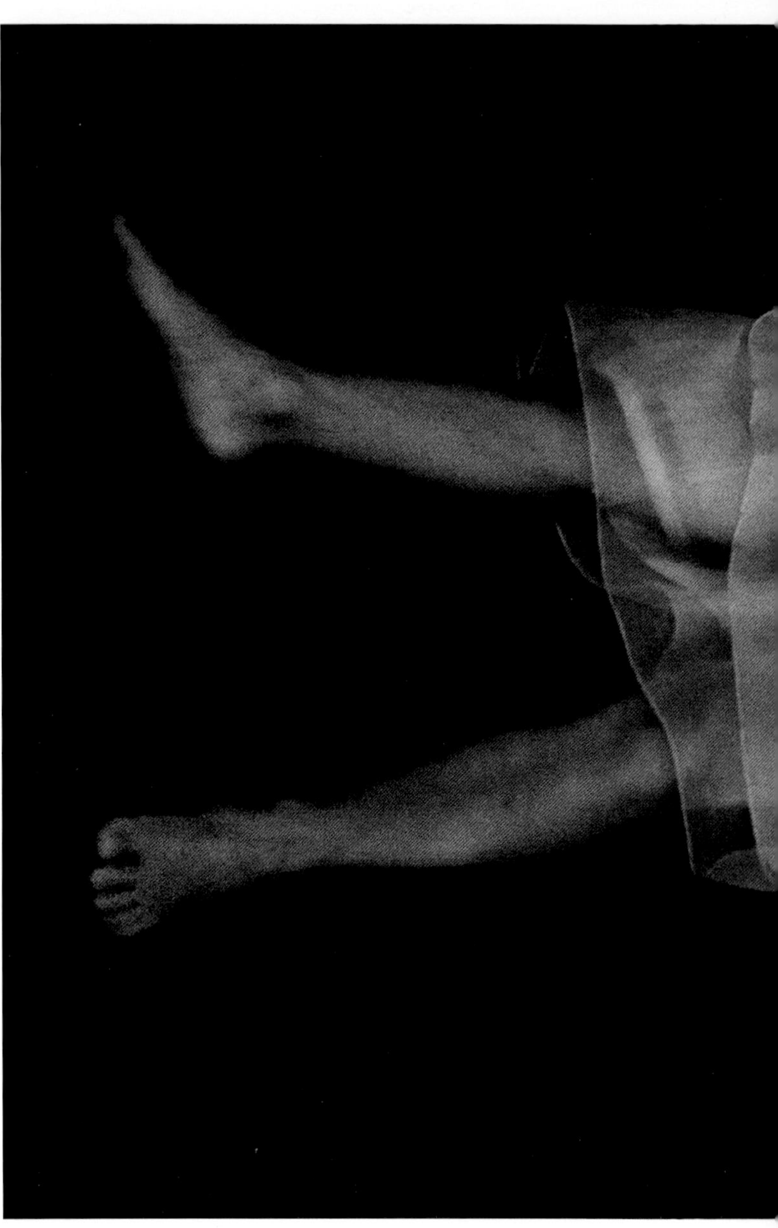

73. Serie: «Caixa de sapato», trabajo en proceso

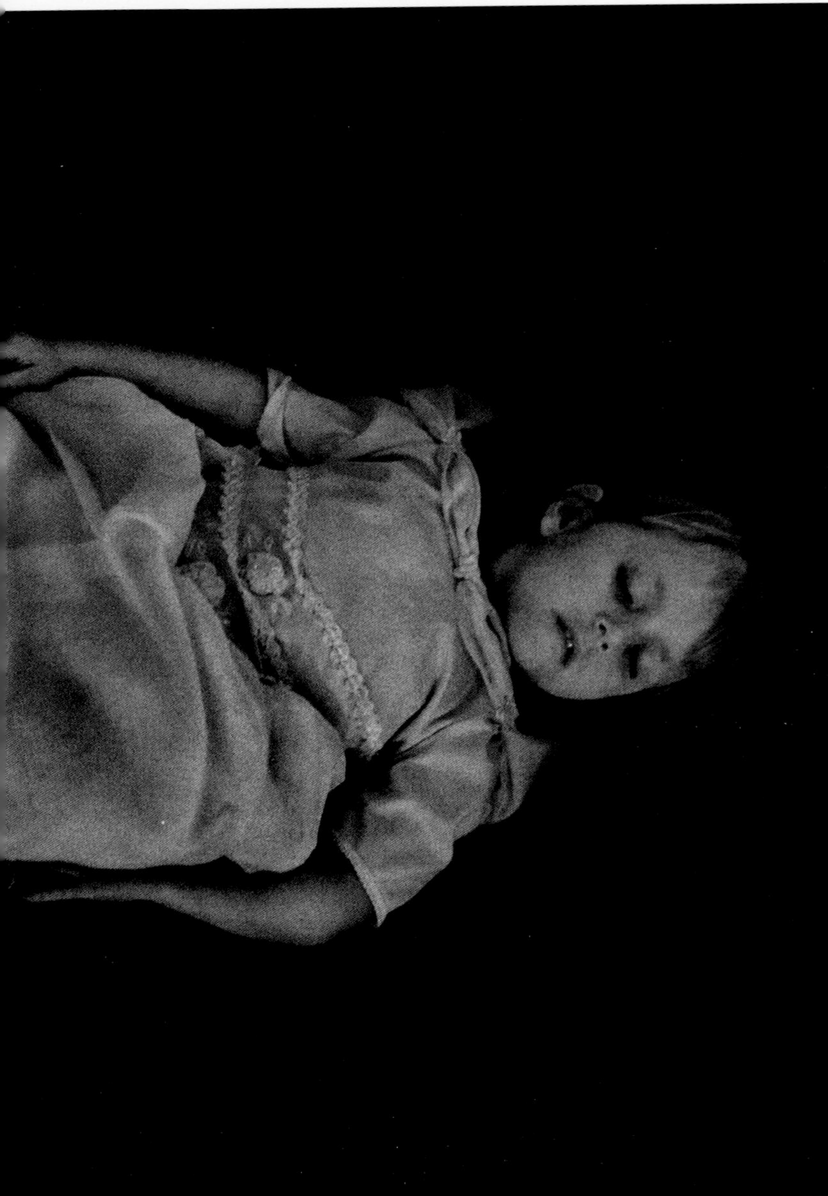

Cronología

2003 Colectivo de fotografía fundado en São Paulo, Brasil,
por Rafael Jacinto y Pio Figueiroa, ambos dedicados
al fotoperiodismo. A través de la investigación teórica
y experimental, desarrollan trabajos que cuestionan el
espacio de las imágenes y su entendimiento.

2004 João Kehl, que trabajaba para el colectivo como
asistente desde su fundación, se incorpora como
miembro permanente.

2007 Recibe el primer premio de Estampas Deportivas /
Reportaje del World Press Photo con la fotografía
Gimnasio de box en São Paulo, tomada por Kehl.
Un nuevo miembro se suma a sus filas: Carol Lopes,
que refuerza el tratamiento digital dentro de la
propuesta experimental del colectivo.

Exposiciones individuales

2007 *Portfolio*. Itau Cultural, São Paulo.
2008 *Portfolio*. Itau Cultural, Recife, Brasil.
2009 *Caixa de sapato*. Sala Cielo Abierto, Montevideo.
2010 *Entretanto*. Galería Vermelho, São Paulo.
2011 *Carnaval*. Nueva York Photo Fest. Nueva York.

Exposiciones colectivas

2006 Semana de la Fotografía Fnac/Fotosite. São Paulo.
Les Rencontres Internationales d'Arles. Francia.

2007 The Jakarta International Photo Summit. Jakarta,
Indonesia.
PhotoQuai, Bienal de Fotografía. París, Francia.
Semana de la Fotografía Fnac/Fotosite. São Paulo, Río
de Janeiro y Curitiba, Brasil.
World Press Photo. Exposición itinerante por 85 ciudades.
Urban Space. Nueva York.
Vuelta al mundo en 80 fotografías. Die Zeit, Alemania.
Una imagen a son de samba. Paço Imperial, Río de
Janeiro.
MIS. São Paulo.

2008 *Slideluck Potshow*. Nueva York.
FestFotoPoa. Porto Alegre, Brasil.
Choro. 15° Salão de Arte MAM – BA, Salvador, Brasil.
Laberinto de miradas. México.
Semana de la Fotografía de Recife. Brasil.

2009 Festival Fotodocumental. Quito.
Caixa de sapato. Antigua, Guatemala; Format Festival,
Derby y Photographer's Gallery, Londres.

Av. Paulista / Caixa de sapato. Netherlands
Fotomuseum. Róterdam.
911. Festival de Séte. Francia.
Laberinto de miradas, 911. Miami, EE UU.
2010 *Piratas*. Instituto Itaú Cultural, São Paulo.
Front3ra. Centro Cultural de España Juan de Salazar,
Asunción.
Familia. Foto30. Ciudad de Guatemala.
Coleção Pirelli. Museo de Arte de São Paulo.
Laberinto de miradas, 911. México DF.
Caixa de sapato. Museo de Arte Moderno, São Paulo;
Domestic, Barcelona, España; Festival de Séte,
Francia; DeVercidade, Fortaleza, Brasil y Photo Forum,
Beirut.
E:CO (Chuva). São Paulo y Madrid.
Megápolis. Berlín, Alemania.
Laberinto de miradas. Quito.
2011 *Bom retiro e luz: um roteiro, 1976-2011*. São Paulo.
Laberinto de miradas. Madrid.
E:CO (Chuva). Washington, EE UU.
Geração 00. Sesc Belenzinho, São Paulo.
Encubrimientos. Instituto Cervantes de Chicago, EE UU.
II Salón Diario Contemporáneo de Fotografía. Belem,
Brasil.

Colecciones

Club de Coleccionistas de MAM, Salvador, Brasil.
Casas de Brasil. Museo de la Casa Brasileña, São
Paulo, Brasil.
Colección Pirelli, São Paulo, Brasil.

Ronaldo Entler

Periodista, investigador, doctor en Artes por la Universidad de São Paulo
(USP) con especialización posdoctoral en Multimedia por la Universidad Estatal de Campinas (Unicamp). Es profesor, coordinador graduado de la Escuela
de Comunicación de la Fundación Armando Alvares Penteado (FAAP-SP) y
editor de Icônica, un blog dedicado a la crítica de la fotografía.

Journalist, researcher, PhD in Arts by the Universidad de São Paulo (USP),
with a postdoctoral degree in Multimedia by the Universidad Estatal de
Campinas (Unicamp). He is a professor, graduate coordinator at the School
of Communication of the Fundación Armando Alvares Penteado (FAAP-
SP), and editor of Icônica, a blog devoted to photography criticism.

Photography as an exercise of possibilities

Ronaldo Entler

> There is always a collective even when it is alone
> Deleuze & Guattari, *a Thousand Plateaus*

When we try to think what is a collective of photographers, we find an experience of difficult definition and a history quite uncertain. There are clear antecedents, groups of artists generally formed in the informal atmosphere of art studios, linked to the transgressor character of the art of the last few decades. Cia de foto certainly did not invent this format of work, but faced it with a professional environment quite conservative and helped directly and indirectly in the assertion of other collective experiences in Brazil.

Cia de Foto was founded in 2003, from the affinity that Rafael Jacinto and Pio Figueiroa built as active photographers in the mainstream press of São Paulo. In the following year, João Kehl, recently graduated in what was the first university course of photography in Brazil, went from an assistant to a permanent member. In 2007, Carol Lopes was incorporated to the collective as responsible for the images processing, assuming gradually other creative functions within and outside the studio.

One of the justifications for the collective work is, without a doubt, the splitting of tasks in terms of specific skills. But Cia de Foto invests in dynamics that are justified more for poetic reasons than from an economy of resources. Therefore, they follow by valuing the simultaneous work and the passage between the various tasks. What intensifies the relationship amongst its members it's a fact especially affective, as they have said several times: "Photography is something too nice to do it alone".

The concerns of the group points to several directions, but the photojournalism was its first means of action. The harmony was not simple because, in this market, the concept of "author" is stated in a tense and dogmatic way. When photography first appeared, it didn't seem obvious to call someone who operated a machine an artist. It was the hard way that the photographer had to conquer the position of subject of this action and author of an image, grasping the creation rituals both intimate and solitary which highlight the uniqueness vision this newly named artist has. Later on, when an aesthetic value was no longer denied, it was still necessary to fight so that name would mean some authority for the image destiny, so that it could be a personal expression, a work of art. Finally, the expansion of image banks, the popularization of digital cameras and the movement of images in networks have drawn to a frightening future: the signature of an author presents itself as the only thing that can guarantee the value of some images, in front of the anonymous mass that photographs absolutely everything all the time.

Therefore, replacing the personal name for a collective name seems to betray a historical cause. The resistances were aggravated by some experimental openings proposed by the collective: the obvious investment in the image treatment, work in dialog with the video language, the inculcation of some images in networks with the freedom of usage and reproduction rights.

The spaces dedicated to contemporary art would perhaps be more receptive to these experimentalisms, but if only, in Brazil, it wouldn't be so distant from the photojournalism universe, origin that still needed a work label of these young photographers.

Cia de Foto did not invent the format of the collectives but, so that its performance could be understood, needed to build a passage space between characters and institutions that little interacted. The need to think about their own status and to negotiate their existence gave them a more extensive vocation: they did photography, certainly, but above all they did cultural policy. In a few years, the resistance led to a reverberation process equally surprising: other collectives emerged or gained strength in Brazil in dialog with Cia de Foto or with the interlocutors who helped them form it. Other consolidated groups were reinterpreted through this notion of collective that, increasingly more, started to make some sense for photography. Institutions, prizes and collections focused on a classical concept of "photography of author" also needed some time to assimilate the production of the collectives. It is worth mentioning the activity of the researcher and critique Rubens Fernandes Junior that, from the conversations with Cia de Foto, was one of the first in the country to sketch a theoretical reflection on that experience, helping to review the criteria that guided activities of important institutions.

The year of 2006 was a turning point, with important essays such as *911*, exposed in Les rencontres d'Arles, in France; *Boxing*, which received the first prize in the category Test of Sports of the World Press Photo; and "Choro", that would become, two years later, the first work of the collective to be shown in a showroom of arts, the Museum of Modern Art of Bahia. In the years to follow, Cia de Foto still exhibits in Europe, United States, Asia, Brazil and other countries of Latin America.

It is worth to mention the conversation that the collective has always maintained with the curator Eduardo Brandão which, in 2002, founded the Galeria Vermelhor (Red Gallery), one of the first to invest in the insertion of photographic works in the market of contemporary art. In 2007, Brandão was the curator of the first solo exhibition of the collective, in the Instituto Itaú Cultural of São Paulo. At that moment, the curator highlighted how the "bank of photos" responded to a more complex status than the photographic images assumed in contemporaneity. At the end of that same year, he exhibited in his Gallery a version of "Shoe Box," along with art work by other artists. In 2010, Cia de Foto became effectively represented by Vermelho, after carrying out there the exhibition *In the mean time*, including pictures, videos, and a soundtrack in partnership with DJ Guab.

Most significant than each of the tests and exhibitions is the way Cia de Foto participates in the cultural debate about photography, attending indistinctly territories that rarely talk to each other, as the art galleries, newspapers' newsrooms, advertising agencies, artists training spaces and photography events. The interaction between collectives of photography has been expanding through joint projects, in a spontaneous performance in the networks, and also by scheduling events that tried to map out the work of these groups in the world. Cia de Foto was included in the Encounter of Ibero-American Collectives held by the Cultural Center Spain in São Paulo, in 2008, which coincided with the launch of the traveling exhibition *Labyrinth of Perspectives, Photographic Collectives in Latin America*, curated by Claudi Carreras. He was also present at the Meeting of Euro-American Photography Collectives, conducted in 2010, in the cities of Madrid and Soria, in Spain.

Despite this intense exchange, it remains impossible to outline a unchanging definition for all the collectives. Even what seems obvious - the work of collaborative creation - it is not evident in all the groups that receive this designation. In its many possible configurations, a collective of photography may be confused with a cooperative or a photo agency, an image bank, an "industry" that optimizes the production of visual complex works; also with a laboratory for experimentation in languages, a study and research group, a producer of cultural events. Many groups identify themselves with one or another of these activities. Cia de Foto is still highlighting the freedom to operate simultaneously in all of these fronts, and by the firm position with which it assumes the collaborative authorship of its work.

In this complex existence, a significant part of Cia de Foto's work, is composed by actions, rather than images. It is possible to remember some incidents. In 2007, a year after integrating one of the Fnac/Fotosite photography week exhibitions, Cia de Foto was responsible for organizing the whole program of the event. Through workshops, representation in the boards of curators, and cooperation in blogs, it was present in almost all of the major Brazilian events, such the Paraty em Foco or FestFotoPoa. In 2009, they incorporated the editorial board of the magazine *Sueño de la Razón*, alongside the representatives from seven other countries. Later that year, by invitation of the curator Eder Chiodetto, they did for the Collectors' Club of the Museum of Modern Art of São Paulo a video edition of the "Shoe Box." In 2010, what should have been a page to mark the anniversary of the city of São Paulo in a high circulation magazine, became the project in São Paulo of Many, with participation of 230 authors. That same year, sharing with Eduardo Brandão, curator of the II Latin American Photography Forum of São Paulo, proposed a "Pirates" intervention, occupying alongside other guest artists a workstation within the exhibition space to interact with other activities of the event.

Often Cia of Foto has defined itself with the desire to make the photograph an "exercise of possibilities". It enforces this same principle to all activities involved, perturbing the initial order provided by the project, seeking in them other possibilities, but also enabling its implementation in renewed bases. Thus, they contribute to a less dogmatic exploration not only of photographic language, but also of other "devices" that constitute the culture of images.

Biblioteca de Fotógrafos Latinoamericanos PHotoBolsillo

Director de la colección / Series Editor
Alejandro Castellote

Diseño original / Original Design
Fernando Gutiérrez

Coordinación / Coordination
Doménico Chiappe

Traducción / Translation
Art in Translation

Fotomecánica / Photomecanics
Cromotex

Impresión / Printer
Brizzolis

© de las imágenes / Image
Cia de Foto

© del texto / Text
Ronaldo Entler

© de la presente edición / Present Edition
La Fábrica, 2011

ISBN
978-84-15303-35-0

NIPO
502-11-030-6

Depósito legal
M-40302-2011

LA FABRICA EDITORIAL

Editor / Publisher
Alberto Anaut

Directora editorial / Editorial Director
Camino Brasa

Director de Desarrollo / Development Director
Fernando Paz

Producción / Production
Paloma Castellanos

Organización / Organiser
Rosa Ureta

La Fábrica Editorial
Verónica, 13
28014 Madrid
Tel +34 91 360 13 20
Fax + 34 91 360 13 22
e-mail: edicion@lafabrica.com
www.lafabricaeditorial.com

Una coedición entre / A Coedition Between

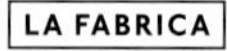

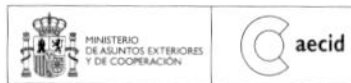

**Biblioteca
de Fotógrafos Españoles**

Xavier Miserachs
Nicolás Muller
Humberto Rivas
Ricky Dávila
Koldo Chamorro
Francesc Català-Roca
Carlos Pérez Siquier
Luis Pérez-Mínguez
Gabriel Cualladó
Javier Vallhonrat
Miguel Trillo
Pilar Pequeño
César Lucas
Fernando Gordillo
Agustí Centelles
Baylón
Isabel Muñoz
José María Díaz-Maroto
Cristóbal Hara
Antonio Tabernero
Alberto García-Alix
Pablo Genovés
Clemente Bernad
Carlos Serrano
Ramón Masats
Óscar Molina
Cristina García Rodero
Pablo Pérez-Mínguez
Joan Fontcuberta
Navia
Ricard Terré
Fernando Herráez
Oriol Maspons
José Ignacio Lobo Altuna
Xurxo Lobato
Genín Andrada
Valentín Vallhonrat

Vari Caramés
Juan Manuel Díaz Burgos
Ferran Freixa
José Antonio Carrera
Manuel Vilariño
Kim Manresa
Rafael Navarro
Toni Catany
Luis Escobar
Marta Sentís
Chema Madoz
Ciuco Gutiérrez
Alberto Schommer
Ouka Leele
Manel Esclusa
Laura Torrado
Ángel Marcos
Ortiz Echagüe
Francisco Ontañón
Carlos Saura
Alfonso
Juan Manuel Castro Prieto
Pep Bonet
Juantxu Rodríguez
Paco Gómez
Virxilio Vieitez
Gonzalo Juanes
Rosa Muñoz
Leopoldo Pomés
José Ramón Bas
David Jiménez
Leonardo Cantero
Jordi Socías
Colita
Alfredo Cáliz
Gervasio Sánchez
Txema Salvans
Matías Costa
Emilio Morenatti

**Biblioteca de Fotógrafos
Latinoamericanos**

Luis González Palma
Casasola
Marcos López
Cia de Foto

**Biblioteca de Fotógrafos
Africanos**

Jean Depara
Samuel Fosso
Mama Casset

Próximo título / To Be Published

Pierre Gonnord

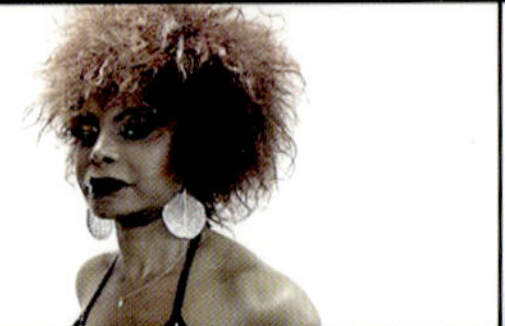

Longa Exposição Elza 51''

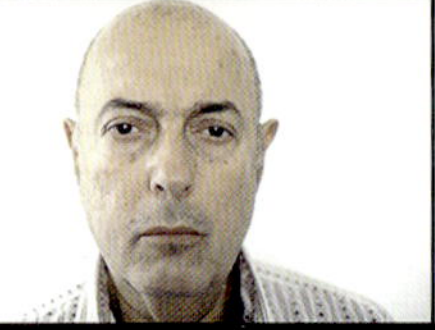

Longa Exposição Babenco 1'45''

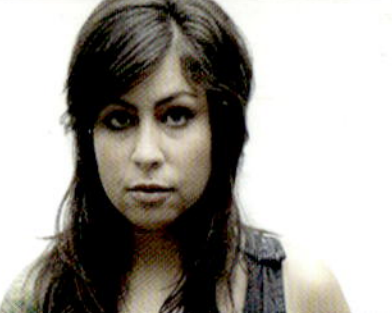

Longa Exposição Pitty 32''

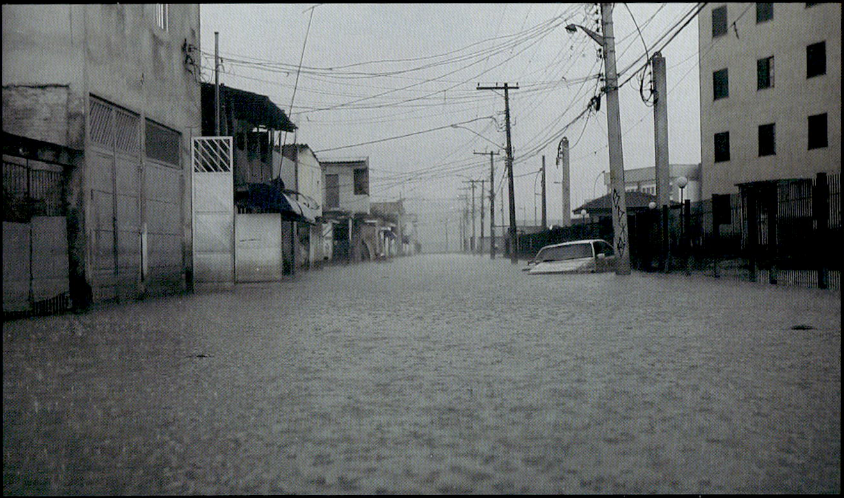

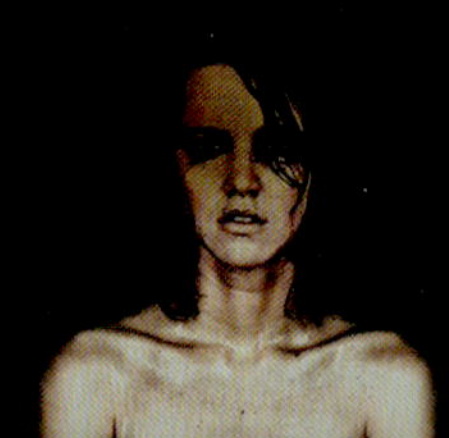

Jardim Pantanal 28'41''

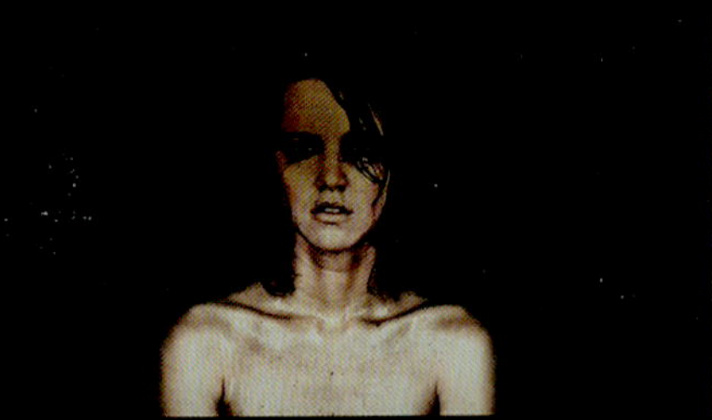

Calor 4'15''

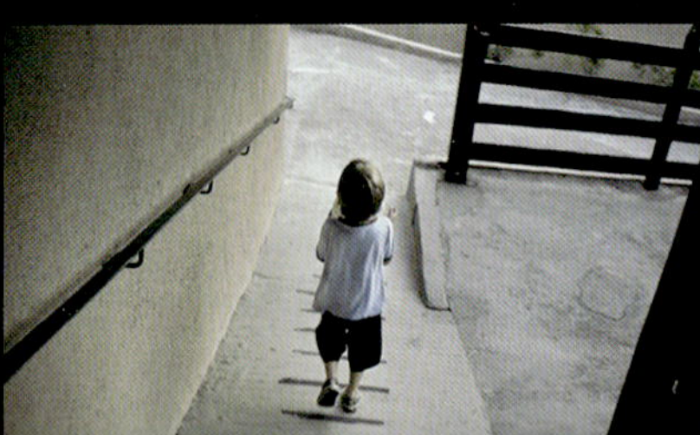

Caixa de Sapato 5'03''

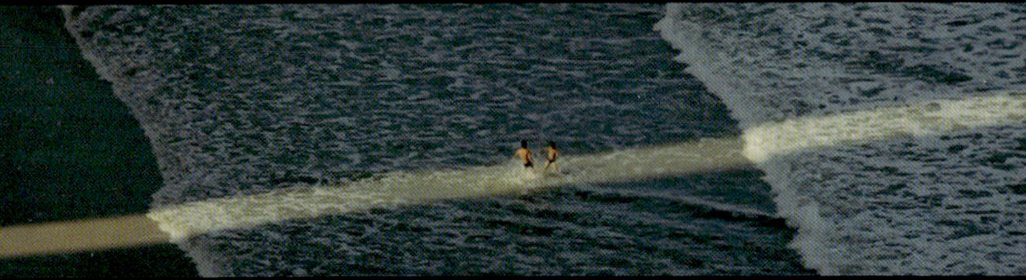

Sal e Prata 10'18''

http://www.ciadefoto.com.br/videos